George Verwer

Messiologie

Über das geheiligte Chaos

W0374743

GEORGE VERWER

MESSIOLOGIE

ÜBER DAS GEHEILIGTE CHAOS

Aus dem Englischen von Carmen Matussek

OM BOOKS

Dieses Werk einschließlich aller seiner Teile ist urheberrechtlich geschützt. Jede Verwendung außerhalb der engen Grenzen des Urheberrechtsgesetzes ist ohne vorherige schriftliche Einwilligung des Verlages unzulässig und strafbar. Das gilt insbesondere für Vervielfältigungen, Übersetzungen und die Einspeicherung und-Verarbeitung in elektronischen Systemen.

Das Buch wurde zuerst im Jahr 2016 unter dem Titel »Liebe verbindet« im SCM-Verlag mit der ISBN 978-3-7751-5705-6 veröffentlicht.

2. Auflage 2023

© der deutschen Ausgabe 2023
OM Books · Alte Neckarelzer Straße 2 · 74821 Mosbach · Deutschland
Internet: www.om.org · E-Mail: buchbasar.de@om.org

Original published under the title: *More Drops*
Copyright © 2015 by George Verwer
Published 2015 by CWR, Waverley Abbey House, Waverly Lane, Farnham, Surrey, GU9 8EP, UK. All rights reserved. This licensed Work published under license.

Soweit nicht anders angegeben, sind die Bibelverse
folgender Ausgabe entnommen:
Neues Leben. Die Bibel, © der deutschen Ausgabe 2002 und 2006
SCM-Verlag GmbH & Co. KG, Witten.
Weiter wurden verwendet:
Lutherbibel, revidierter Text 1984, durchgesehene Ausgabe
in neuer Rechtschreibung, © 1999 Deutsche Bibelgesellschaft, Stuttgart.
Elberfelder Bibel 2006, © 2006 SCM-Verlag GmbH & Co. KG, Witten.

Übersetzung: Carmen Matussek
Umschlaggestaltung: Lydia Reimer
Druck und Bindung: CPI books GmbH, Leck
Gedruckt in Deutschland
ISBN 978-3-947995-25-7

WAS ANDERE ÜBER *MESSIOLOGIE* SAGEN

»Ich liebe George Verwer und ich liebe dieses Buch! Kaum jemand wäre besser geeignet als George Verwer, so herausfordernd in das Leben einer Gemeinde hineinzusprechen. Er hat jahrzehntelang die Welt bereist und dabei unermüdlich in den hintersten Winkeln die Verlassenen, Vergessenen, Verlorenen aufgesucht. Mit Gottes Hilfe hat er dabei eine äußerst bemerkenswerte Bewegung hervorgebracht, durch die täglich Tausende Menschen mit dem Evangelium erreicht werden.«

Andy Hawthorne, Träger des Verdienstordens »The Most Excellent Order of the British Empire«, britischer Evangelist, Autor und Gründer der Missionsorganisation »The Message Trust«

»Verwer ist seit über 50 Jahren ein auf Gnade bedachter Versöhner, ein Freund der Sünder und ein leuchtendes Beispiel angewandter Weisheit. So verhält es sich auch mit diesem Buch: Es ist weder ein Thriller noch ein Andachtsbuch, sondern ein Handbuch für die Umsetzung biblischer Erkenntnisse. Verwers Erfahrung kann den Leser davor bewahren, an den Untiefen des Lebens Schiffbruch zu erleiden.«

Dr. Greg Livingstone, Gründer der Missionsgesellschaft Frontiers

»Das ist George Verwer in Höchstform! Jedes Kapitel hat einen besonderen Schwerpunkt und in jedem kann man unbezahlbare Schätze finden. Ich denke, dass das Wort ›Messiologie‹ schon sehr bald allgemein verwendet werden wird.«

Peter Maiden, ehemaliger Direktor der Keswick Convention und ehemaliger Internationaler Direktor von OM (Operation Mobilisation)

WIDMUNG

Dieses Buch widme ich all den Menschen, denen ich durch OM oder auf anderen Wegen begegnet bin und deren Leben – sagen wir mal – nicht so gut gelaufen ist. Diese Leute befinden sich nicht im Plan A oder B, sondern eher irgendwo bei Plan M. Wenn ich mit ihnen spreche, verweise ich auf Gottes großes Alphabet und fordere sie dazu auf, radikale Gnade zu empfangen und weiterzugehen.

Immer wieder fällt mir 1. Johannes 3,16 ein: »Wir haben die wahre Liebe daran erkannt, dass Christus sein Leben für uns gegeben hat. Deshalb sollen auch wir unser Leben für unsere Brüder einsetzen.«

DANKSAGUNG

Ich möchte mich bei allen bedanken, die dieses Buch ermöglicht haben. Meine besondere Anerkennung möchte ich den Hunderten Leuten ausdrücken, die mein geistliches Leben maßgeblich geprägt haben (manchmal auch durch Kassetten oder Bücher). Als Erstes wären da mein geistlicher Vater, Billy Graham, und mein zweitwichtigster christlicher Leiter, Dr. Oswald J. Smith. Besonders danke ich dem Herrn für meine Schwester Barbara, meine Eltern, meine Frau Drena und meine ganze Familie.

INHALT

Vorwort 11

Einleitung – Geheimnis, Gnade und geheiligtes Chaos 14

Was ist Messiologie? 17

Feuerlöscher, Bücher und Sprüche 24

Einheit inmitten von Vielfalt 34

Messiologie: Widersprüchlich, vielschichtig
und geheimnisvoll 39

Die Gemeinde, Mission und Hollywood 48

Müssen wir immer recht behalten? 54

Beziehung, Ehe, Geld und eine Menge Gnade 59

Fehler haben Folgen 70

Die Leiter, die Gott gebraucht 78

Loben, gehen, staunen 84

Wenn Sie nicht verletzt werden wollen,
spielen Sie kein Rugby 91

Motzer, Jammerer, Blockierer und Pessimisten 95

Verkündigung mit sozialem Engagement 101

Unveränderte Bürde, unveränderte Vision 108

Wie geht es weiter? 113

Wer oder was ist OM? 122

Anmerkungen 124

VORWORT

»Messiologie« ist aus zwei Gründen ein wichtiges Buch: erstens der Autor und zweitens die Botschaft.

Zum ersten Punkt: George Verwer ist der Gründer von *Operation Mobilisation* (OM), einer Missionsgesellschaft, die Gott zu einer der bedeutendsten der Welt gemacht hat.

- Seit den Anfängen in den späten Fünfzigerjahren ist OM bekannt dafür, in vielen Sprachen und Ländern der ganzen Welt hingebungsvoll christliche Literatur mit bleibendem Wert und evangelistischem Einfluss zu veröffentlichen und zu verbreiten. OM hat sehr zur Veröffentlichung der ersten Ausgabe von *Operation World* beigetragen, einem großartigen Gebetsleitfaden für Christen, die für Weltmission beten.
- OM war die wohl erste Missionsgesellschaft, die Kurzzeiteinsätze in die Mission ermöglicht und gefördert hat, obwohl sie immer noch lebenslange Einsätze bevorzugt. So kam es, dass viele Leiter anderer Werke wie *Jugend mit einer Mission, IFES* und *Frontiers* eine Zeit bei OM verbracht haben.
- Unter George entstanden auch die Schiffsdienste *Logos, Doulos* und *Logos Hope*, durch die das Evangelium zu Millionen gebracht wurde.
- Seit den Sechzigerjahren, als das noch gar nicht so angesagt war, konzentrierte sich OM darauf, das Evangelium an eher verschlossene Orte wie Indien und den indischen Subkontinent, die Türkei, Osteuropa und den Nahen Osten zu tragen – all diese Dienste bringen bis heute wachsende Frucht.
- Viele andere Missionsgesellschaften wurden von Leuten gegründet, die durch OM geprägt worden waren, allen voran wahrscheinlich

die *Good-Shepherd*-Bewegung unter den Dalits in Indien, und *Pioneers,* die sich besonders auf unerreichte Völker und Großstädte konzentrieren. Aufgrund dieser kreativen und strategischen Neuheiten würden viele, darunter ich selbst, George Verwer als den vielleicht bedeutendsten Missionsleiter und Organisator betrachten, den Nordamerika in den späten Sechzigern hervorgebracht hat. Angesichts dieser Erfolgsgeschichte ist meiner Meinung nach alles, was er schreibt, lesenswert!

Zum zweiten Punkt: Dieses Buch fasst die Überzeugungen zusammen, die für das Leben von George und den Dienst von OM seit fast 60 Jahren grundlegend sind:

- Dass man fest in der biblischen Wahrheit gegründet sein muss und gleichzeitig denen Gnade gewähren kann, die anderer Meinung sind.
- Der Ruf zu radikaler Jüngerschaft in der Nachfolge Jesu und zu einem disziplinierten, freudvollen und gottgefälligen Lebensstil.
- Das Beste in anderen Christen zu sehen, auf Klatsch zu verzichten, keinen Groll und Bitterkeit gegen jene zu hegen, die uns verletzt haben, und nachsichtig in der Zusammenarbeit mit anderen zu sein.
- Darauf zu vertrauen, dass Gott in seiner geheimnisvollen, vorausschauenden Souveränität auch aus sehr chaotischen Situationen viel Segen hervorbringen kann (George nennt das »Messiologie«).
- Dass es wichtig ist, ein Gleichgewicht zwischen entschiedener Verkündigung und Barmherzigkeitsdiensten herzustellen.
- Die Dringlichkeit, Verlorene und Unerreichte zu erreichen. Das ist bis heute der Herzschlag von George und OM.

Diese Überzeugungen haben Georges Dienst jahrzehntelang geprägt und vorangetrieben und sind es wert, gehört zu werden. Im letzten

Kapitel von »Messiologie« schreibt George: »Wenn die Botschaft von Gnade, Geheimnissen und Barmherzigkeit auf diesen Seiten nicht durchgedrungen ist, habe ich versagt. Und deswegen sind diese Bekenntnisse eines Missionsleiters, der nie aufgehört hat zu lernen, so lesenswert. Wenn dieses Buch durchgearbeitet und umgesetzt wird, kann es in der neuen Generation viele leidenschaftliche und ganzheitliche Jünger hervorbringen.

Lindsay Brown
Von 2008 – 2017 Internationaler Direktor der Lausanner Bewegung für Weltevangelisation, 1991–2007 Generalsekretär von International Fellowship of Evangelical Students (IFES), 1976–1977 bei Operation Mobilisation

Einleitung: Geheimnis, Gnade und geheiligtes Chaos

Ein paar Jahre lang habe ich darüber gebetet und mit mir gerungen, ob ich noch mal ein Buch schreiben sollte.[1] Ich betrachte mich selbst nicht als besonders begabten Schriftsteller. Außerdem habe ich nicht viel Zeit zum Schreiben und komme deswegen nur mühsam voran.

Meine Begeisterung für Bücher, die mit meiner Bekehrung begann, galt vor allem den Werken anderer. Ich habe mein Leben lang Bücher von großartigen christlichen Autorinnen und Autoren veröffentlicht und verbreitet. Im Rückblick kann ich sagen, dass auch meine eigenen Bücher vor allem dem Zweck dienten, meine Leser auf eine Fülle von anderen Büchern aufmerksam zu machen. Falls Sie noch weitere Bücher von mir besitzen, können Sie sich das mal anschauen. Ich freue mich, dass im Anhang der deutschen Ausgabe Auszüge aus diesen Büchern abgedruckt sind: *Die Revolution der Liebe* und *Mobil für die Mission* sowie ein Interview, das Dan Wooding mit mir über mein Leben und meine Arbeit führte.

Ich kann nur darüber staunen, dass mittlerweile über eine Million meiner Bücher in über fünfzig Sprachen auf der ganzen Welt verkauft wurden. Auf eines meiner ersten Bücher, *Come! Live! Die!*[2], habe ich über 25 000 Zuschriften erhalten. Überall treffe ich Menschen, die mir erzählen, wie meine Bücher ihnen weitergeholfen haben. Das hat mich immer sehr ermutigt und ich kann dem Herrn nur alle Ehre geben.

In meinem jüngsten Buch, *Gnade gewinnt*[3], habe ich in einem Kapitel ein Thema behandelt, das nach wie vor in meinem Leben und der Geschichte unseres Missionswerkes *Operation Mobilisation* (OM) gewaltige Veränderungen bewirkt. Es ging darum, dass wir uns gesellschaftlicher Belange angenommen haben und sie zu einem elementaren Bestandteil unserer Arbeit geworden sind. Darauf möchte ich in diesem Buch genauer eingehen, denn in den vergangenen Jahren habe ich viele Erfahrungen mit dieser herausfordernden, vielschichtigen Arbeit gemacht, bei der man leicht in Schwierigkeiten geraten kann.

Ich möchte gerne den kommenden Generationen so viel wie möglich von dem weitergeben, was ich vom Herrn und seinen Nachfolgern gelernt habe.

Wie in *Gnade gewinnt* können die einzelnen Kapitel unabhängig voneinander gelesen werden. Es wird die eine oder andere Überschneidung mit Themen geben, über die ich in früheren Büchern geschrieben habe. Aber es wird nichts schaden, Wichtiges und Grundlegendes zu wiederholen.

Ich weiß nicht, wie ich es am besten ausdrücken soll, aber ich habe das Gefühl, dass viele Leiter und Christen allgemein in ihrem Leben und ihrem Dienst große Fehler begehen. Dabei spreche ich aus Erfahrung und hoffe, dass meine Berichte anderen helfen werden, nicht unnötig in dieselbe Falle zu gehen. Ich habe mitansehen müssen, dass man aus manchen Fallgruben kaum wieder herauskommt, ohne dass man selbst oder der Leib Jesu dabei ernsthaft Schaden nimmt.

Als ich etwa 18 Jahre alt war – ich war unterwegs Richtung Grand Canyon und verkaufte damals noch Feuerlöscher –, las ich in der Apostelgeschichte den Vers, den ich damals zu meinem Lebensmotto machte:

> Doch mein Leben ist nichts wert, wenn ich es nicht nutze, um das zu tun, was der Herr Jesus mir aufgetragen hat – das Werk, anderen die Botschaft von Gottes Gnade zu bringen.
>
> *Apostelgeschichte 20,24*

Jetzt schaue ich auf 58 Jahre Christsein zurück und kann sagen, dass dieser Vers nahezu täglich in meinem Leben Wirklichkeit geworden ist. Ich bete, dass dies auch in den mir verbleibenden Jahren so bleibt. Spüren Sie die Wirklichkeit und die Leidenschaft dieses Verses? Können Sie diese Sätze lesen und sie zu Ihrem ersten Lebensziel machen? Dann wird dieses Buch in vielerlei Hinsicht für Sie hilfreich sein. Ehrlich gesagt bete ich auch, dass dieses Buch Leute dazu bewegen wird, meine anderen Bücher zu lesen oder noch mal zu lesen. Sie werden im Anhang des Buches aufgelistet und sind vielfach – zumindest in englischer Sprache – kostenlos erhältlich. Ich bete auch, dass meine Leser dazu beitragen werden, die Botschaft zu verbreiten.

Manchen scheinen meine Bücher etwas »aus der Reihe zu tanzen«, aber andererseits behandeln sie Grundlagen und sind leicht nachzuvollziehen, besonders wenn man schon geistliches Verständnis mitbringt.

Während ich diese Zeilen schreibe, höre ich großartige klassische Musik von Tschaikowsky, Mozart und Beethoven. Vor ein paar Tagen war ich mit Drena, meiner Frau, bei einem wunderbaren Konzert in der *Royal Albert Hall* in London. Ich bete, dass wenigstens ein Teil dessen, was ich schreibe, zu Musik in Ihren geistlichen Ohren wird und Ihr Leben nach der Lektüre eine noch klangvollere Symphonie wird, als das vielleicht augenblicklich der Fall ist. Ich möchte auf die Herausforderung zu radikaler Jüngerschaft eingehen, wie sie zum Beispiel in *Radical*[4] von David Platt und *Zeit der Gnade*[5] von Charles Swindoll formuliert wurde. Und ich möchte außerdem zur weltweiten Mission und Evangelisation aufrufen, ganz gleich, wie hoch die Kosten sind, damit alle Menschen auf der Welt mit dem Evangelium erreicht werden und eine Gemeinde unter allen Völkern entsteht. Ich hoffe, dass einige Leser dieses Buches uns in dieser großen Vision und Aufgabe begleiten werden. Ich beantworte jede E-Mail persönlich. Probieren Sie es aus: *george.verwer@om.org.*

In Seiner Gnade und in seiner Hand,
George Verwer

WAS IST MESSIOLOGIE?

Ich sehnte mich danach, mehr Gnade zu erleben, besonders unter den in der Weltmission Engagierten. Vor allem deswegen schrieb ich *Mobil für die Mission* – ein Auszug aus diesem Buch ist im Anhang abgedruckt. Ich habe die Kapitel über Gnade und über Leiterschaft zu einer Broschüre zum Weitergeben zusammengefügt: *Grace Awakened Leadership.* Wir hören zwar von vielen Durchbrüchen, doch auf manchen Gebieten scheint, ehrlich gesagt, von »Gnade erweckte Leiterschaft« in einem Ausmaß wie nie zuvor unter die Räuber gefallen zu sein.

Immer wieder hört man von Spannungen unter Missionaren und Evangelisten. Es gibt schlimme Spaltungen und Zerwürfnisse in vielen örtlichen Gemeinden. In meinen älteren Büchern gelang es mir vermutlich nicht, meine Theologie des geheiligten Chaos oder der »Messiologie« zu erklären, einer Wortkreuzung aus englisch *mess* (Durcheinander, Chaos) mit »Theologie«. Das Wort habe ich erfunden, aber es geht dabei um Gott und sein Wirken seit Tausenden von Jahren.

Einerseits lehrt und ermahnt uns die Bibel, ein gottgefälliges Leben in Wahrhaftigkeit und Rechtschaffenheit zu führen. Wenn wir 1. Korinther 13 befolgen, werden sich unser Leben und unsere Gemeinden verändern. Darum ging es auch in einem meiner älteren Bücher *Die Revolution der Liebe.*

Wenn ich in den Sprachen der Welt oder mit Engelszungen reden könnte, aber keine Liebe hätte, wäre mein Reden nur sinnloser Lärm wie ein dröhnender Gong oder eine klingende Schelle. Wenn ich die Gabe der Prophetie hätte und wüsste alle Geheimnisse und hätte jede Erkenntnis und wenn ich einen Glauben hätte, der Berge versetzen könnte, aber keine Liebe hätte, so wäre ich nichts. Wenn ich alles, was ich besitze, den Armen geben und sogar meinen Körper opfern würde, damit ich geehrt würde, aber keine Liebe hätte, wäre alles wertlos.

1. Korinther 13,1-3

Andererseits sehen wir Gottes Wirken in allen möglichen chaotischen Situationen, woraus ich, wie gesagt, das Wort Messiologie ableite. Jahrelang habe ich meinen eigenen Spruch zitiert: »Wo zwei oder drei in seinem Namen zusammen sind, wird früher oder später Chaos ausbrechen.« Fast immer lacht das Publikum. Dann frage ich, wer das schon einmal erlebt hat, und die meisten Hände gehen hoch. Dann erkläre ich, was es mit Messiologie auf sich hat. Es geht schlicht und ergreifend darum, dass Gott in seiner Geduld, Gnade und Leidenschaft große Dinge mitten im Chaos tut, um Männer und Frauen zu sich zu ziehen. Das ist keine Entschuldigung für Sünde, Versagen oder Chaosstiftung. Jeder Christ sollte das Gegenteil anstreben. Aber es ist die Kehrseite der Medaille. Es ist Gottes Arbeitsweise. Große Teile der Apostelgeschichte und die meisten Briefe der Bibel belegen das.

Ich bin durch Bücher wie *Wenn alles zerbricht*[6] von Gordon MacDonald und viele andere gute Bücher zu dieser Überzeugung gelangt, die mir jetzt sehr am Herzen liegt. Es hat mir mehr als vieles andere geholfen, Gott und sein Wirken besser zu verstehen. Manchmal bezeichne ich es als »radikale Gnade«.

Ich habe in über 57 Jahren in über 90 Ländern in Tausenden Gemeinden und anderen Organisationen Unmengen Chaos gesehen. Manchmal ist offensichtliche Sünde im Spiel, die bekannt werden muss. Manchmal ist es einfach nur Dummheit oder wie immer man das Verhalten der Kinder Gottes beschreiben möchte. Ich habe es gesagt und meine es wirklich so: Egal, wie erfüllt wir auch mit dem Heiligen Geist sind, wir sind immer noch Menschen. Unser Menschsein hat seine schöne und seine chaotische Seite.

Ich bewundere viele christliche Leiter und versuche, ihnen allen mit einer Haltung von Gnade zu begegnen. Aber in diesen 57 Jahren habe ich christliche Leiter und auch Missionare die dämlichsten Dinge tun sehen und auch sagen hören … und manchmal war ich es. Doch bei genauerem Hinsehen bemerkte ich, dass Gott mittendrin sein Werk tat. Vielleicht wollen Sie das nicht hören, aber ich habe Gott Menschen gebrauchen sehen, die gleichzeitig in tiefer Sünde lebten. Wir haben gesehen, wie Gott Pastoren gebrauchte, wie Menschen gerettet wurden, die Gemeinde wuchs und Menschen zu Jüngern wurden. Und doch erfuhren wir später, dass sie in Ehebruch und Untreue gelebt hatten. Ich spreche von verheirateten Männern mit Kindern. Manchmal kommt das nach einiger Zeit raus, sie werden entlassen und reichen die Scheidung ein oder es ergeht ihnen noch schlechter. Jahre später trifft man die Person mit seiner neuen Frau und erfährt, dass Gott sie in seinem Dienst gebraucht. Würde ich ein Buch darüber schreiben, könnte ich Hunderte Beispiele anführen. Wie erklären Sie sich das? *Messiologie!*

Andere Schlüsselwörter sind Geheimnis und Gnade beziehungsweise Erbarmen. Die letzten Verse aus Römer 11 haben mir immer wieder geholfen: »Wie wunderbar ist doch Gott! Wie unermesslich sind seine Reichtümer, wie tief seine Weisheit und seine Erkenntnis! Unmöglich ist es uns, seine Entscheidungen und Wege zu begreifen!« (Vers 33). Für manchen, besonders für Leiter, ist es schwer zu ertragen, wenn Gott große Dinge durch jemanden tut, dessen Theologie sie für falsch halten. Wie kommt es dazu? Ich treffe Leute, die sich über manche der Fernsehprediger aufregen oder über andere Personen unserer vielschichtigen Welt. Viele sagen mir, sie würden sich so etwas nie ansehen. Es gibt ganze Artikel gegen bestimmtes christliches Fernsehen, und mit manchem Vorwurf stimme ich selbst überein. Über manches, was ich im christlichen Fernsehen gesehen habe, hätte ich heulen können. Das betrifft besonders die extremen Tricks beim Spendeneintreiben des »Geschäfts«. Aber wundern Sie sich nicht, wenn Sie im Himmel Hunderttausende Menschen antreffen, die durch solche Werke zu Jesus gekommen sind. Brauchen wir noch mehr als die Haltung des Apostels Paulus, wie wir sie in Philipper 1,15-18 sehen?

> Manche tun dies zwar nur aus Eifersucht und Rivalität, aber andere predigen Christus auch mit guten Absichten. Sie predigen aus Liebe zu mir, weil sie wissen, dass der Herr mich hierher gebracht hat, um für seine gute Botschaft einzustehen. Die anderen aber verkünden Christus aus selbstsüchtigen Motiven und nicht aus ehrlichem Herzen. Sie wollen mir meine Gefangenschaft noch schmerzhafter machen. Doch ob ihre Beweggründe nun ehrlich sind oder nicht: die Botschaft von Christus – auf welche Weise auch immer – wird verkündet, und darüber freue ich mich.

Es ist offensichtlich und schwer zu akzeptieren, dass Gott Organisationen und Personen gebraucht, mit denen wir nichts zu tun haben wollen. Er scheint Werke zu unterstützen, denen ich nicht einmal fünf Euro geben würde. Wir können versuchen, das so zu erklären, dass es in unsere Schublade passt, doch werden wir uns letztlich vergeblich abmühen. Die Antwort lautet: Messiologie. Ein ganzes Buch wäre notwendig, um das genauer zu erklären. Ich habe auch zwei Leute, die mir ihre Hilfe beim Schreiben angeboten haben, doch bezweifle ich, dass es dazu kommen wird. Es würde zu chaotisch werden!

Ein anderes wichtiges Thema mit hohem Chaospotenzial sind Spenden für die Mission. Mit Horrorgeschichten können wir alles Beliebige »beweisen«. Also erzählt man sich Horrorgeschichten über die Veruntreuung von Spenden in der Außenmission. Das bringt die Leute dazu, überhaupt nicht mehr zu spenden, weil sie Angst haben, dadurch die einheimische Kirche von sich abhängig zu machen. Darüber sind einige sehr extreme Bücher und Artikel geschrieben worden, die meiner Meinung nach viele verunsichert haben. Ich bin davon überzeugt, dass die Geschichte es zeigen wird: Großzügigkeit und Risikobereitschaft bei der Unterstützung von Projekten (wie zum Beispiel Schulen) waren immer positive Faktoren bei der Verbreitung des Evangeliums und dem Gemeindebau, auch wenn die Projekte Tausende von Kilometern entfernt umgesetzt wurden. Ich wünschte, ich hätte die Zeit, auch darüber ein Buch zu schreiben.

Manche Leute würden eine neue Schule oder ein ähnliches Projekt nicht unterstützen, es sei denn, diese könne sich sofort selbst tragen. Das ist besonders in Ländern wie Indien ein großer Fehler. Viele Jahre lang hatte man in Indien darauf hingearbeitet, dass Schulen sich selbst tragen können. Deswegen gibt es nur sehr wenige gute Schulen für die Ärmsten, zu denen hauptsächlich Dalits und indigene Volksstämme gehören. Dagegen gibt es Tausende Schulen für die, die bezahlen können (ich sage nicht, dass das falsch ist). In der schwierigen Situation extremer Armut müssen wir damit rechnen, dass man viel Geld investieren muss, bevor sich so ein Projekt selbst tragen kann. Bei Schulen kann es sich dabei um ein paar Jahrzehnte handeln, bis die Schulabgänger Arbeit gefunden haben. Können sich westliche Menschen überhaupt vorstellen, womit wir es in Indien zu tun haben – mit seinen fast 300 Millionen Menschen, die in der extremen Armut der Unberührbarkeit eingeschlossen sind? Diese besonderen Situationen, von denen es auf der Welt viele gibt, erfordern auch eine ganz besondere Großzügigkeit. Die Panikmache mit der Abhängigkeit kann eines der großen Hindernisse sein. Das heißt nicht, dass wir unser Urteilsvermögen an der Garderobe abgeben sollten. Natürlich sollten wir uns vorher erkundigen, wohin wir spenden. Das Entscheidende sind die richtigen Leute vor Ort, um die Finanzen und die Projekte zu verwalten. Aber selbst wenn manche Dinge schieflaufen und wir im Chaos landen, wird die Geschichte gewiss zeigen: Gott hat in allem Chaos weitaus mehr zustande gebracht, als wir erkennen konnten. Leute, Gemeinden oder Stiftungen, die meinen, viel Geld an ein gescheitertes Projekt verschwendet zu haben, werden vielleicht im Himmel die vielen guten Früchte ihres Einsatzes sehen.

Dabei brauchen wir mehr Weisheit und gesunden Menschenverstand und vor allem Vorsicht vor »zerstörerischem Idealismus«, wie ich zu sagen pflege. Wenn dieser Idealismus mit dem Perfektionismus zusammentrifft, der manchen von uns innewohnt, kann er viele entmutigen, Beziehungen zerstören und Durcheinander stiften. Deswegen zeichnen viele Bücher nur ein Zerrbild der Wirklichkeit, wenn sie die Lehre oder die Ziele anderer Menschen, Gemeinden und Organisationen darstellen. Ein bisschen mehr Weisheit, Geduld und Demut würden uns auf dem Weg zu mehr Wahrhaftigkeit und Sieg schon viel weiterbringen.

Während ich diese Zeilen schreibe, gibt es mehr Auseinandersetzungen zwischen Missionswerken und Gemeindeleitern, als ich sie bisher erlebt habe. Es gibt eine große Gruppe von Menschen, die einerseits als bibeltreu und evangelikal gelten wollen, andererseits unterschwellig wichtige Glaubensgrundsätze verneinen, wie zum Beispiel die Verlorenheit derer, die nicht in Christus sind; den stellvertretenden Tod Jesu und viele andere grundlegende Lehrsätze, für die die meisten evangelikalen Leiter und Organisationen seit Jahrhunderten stehen.

Manche Bücher sind sehr kritisch gegenüber der Kirche und der gegenwärtigen evangelikalen Bewegung, die weltweit Hunderte Millionen Menschen in fast allen Nationen umfasst. Es scheint fast, als wollten sie sagen, dass Hudson Taylor, John Stott, Billy Graham, John Calvin, Watchman Nee, Bakht Singh, William Carey, Dr. Francis Schaeffer, Charles Spurgeon, D. L. Moody, Festo Kivengere, William Booth, John Wesley, Amy Carmichael, Aurelius Augustinus und Hunderte anderer, die die Bewegung zu dem gemacht haben, was sie heute ist, alle falschgelegen hätten. Auch wenn sie es vielleicht nicht ausdrücklich sagen, kann man es deutlich zwischen den Zeilen herauslesen. In ihren populär gewordenen Büchern schreiben sie viel Gutes, aber immer wieder verfallen sie von Wahrheit in Irrtum und lassen die Leser mit Zweifeln und verwirrt zurück. Das hat im Leib Jesu große Uneinigkeit verursacht und so manche Gemeinde gespalten. Häufig führt es automatisch dazu, die eigene Gemeinde oder Denomination zu kritisieren und sie zu verlassen, um eine neue zu gründen – allerdings eher aus Trotz als aufgrund biblischer Wahrheit. Für mich führt das zu einer höheren Ebene der Messiologie als je zuvor. In all dem brauchen wir mehr Weisheit, Liebe und Unterscheidungskraft als je zuvor. Wir müssen weiter vorangehen, den Blick auf Jesus gerichtet, mitten durch die Schwierigkeiten und Herausforderungen.

Feuerlöscher, Bücher und Sprüche

Unsere Tochter Christa hat heute Geburtstag und ihr möchte ich dieses Kapitel widmen. Es war einer der zahlreichen Fehler meiner ersten Jahre als Christ, dass ich nicht im Krankenhaus in Leigh, Lancashire, war, als sie geboren wurde. Zum Glück war meine Frau Drena da! Ich kam gerade von irgendwelchen Auslandsreisen und Treffen zurück und war keine sonderlich große Hilfe an diesem wichtigen Tag. Wir gaben ihr den Namen Christa – nach Christa Fisher aus dem damaligen Ostdeutschland, der späteren Frau von Ray Eicher. Jahrelang leiteten die beiden zusammen mit Alfy Franks die Arbeit in Indien. Als wir im Herbst 1960 nach Europa gekommen waren, lebten wir in Madrid, wo wir dazu beitragen durften, dass Christa sich bekehrte. Kurz danach wurde unser erster Sohn Ben geboren.

Im Sommer 1957 wollten wir nach Mexiko reisen, um dort Bücher zu verteilen und Leute mit dem Evangelium zu erreichen. Vor Mitte Juli konnten wir nicht abreisen, weil Dale Rhoton noch die Wheaton Sommerschule besuchte. In der Zwischenzeit ging ich mit Walter Borchard, mit dem ich auf dem *Maryville College* ein Zimmer geteilt hatte, in meiner Heimatgegend nordöstlich von New Jersey von Haus zu Haus und verkaufte christliche Bücher.

In derselben Gegend hatte ich einige Jahre lang erfolgreich Feuerlöscher verkauft. Ich führte den Kunden vor, wie ich vor ihren Häusern in einem Behälter ein Feuer entzündete und es mit einem kleinen Presto-Gerät wieder löschte. Bald begannen viele meiner Kollegen, auf die gleiche Weise zu verkaufen, und zwar mit großem Gewinn sowohl im Groß- als auch im Einzelhandel. Mein Chef, ein jüdischer Mann namens Finklestein, hatte sein Büro in Manhattan. Es war außergewöhnlich, dass ein 16-Jähriger zu ihm gebeten wurde. Er war so begeistert von meinen Verkaufszahlen, dass er mich als Alleinvertreter für Bergen County einsetzte. So meldete ich offiziell mein Gewerbe an: *Bergen County Sales Co.* Alles lief hervorragend, bis Jesus mir begegnete und mich beauftragte, das »ewige Feuer« zu löschen. Nach meiner Bekehrung im Sommer 1955 und 1956 war ich erst mal noch mit den Feuerlöschern unterwegs, aber 1957 hatte ich sie schon gegen Bibeln und christliche Bücher eingetauscht. Bald darauf baute ich das Werk *Send the Light* auf.

Im Sommer 1957 planten also Walter Borchard, Dale Rhoton und ich eine Reise nach Mexiko. Wir wollten dort evangelisieren. Ich hatte sowohl an der Highschool als auch im ersten Jahr auf dem College Spanisch gelernt. Dort begegnete ich auch Walter, meinem Zimmernachbarn, und Dale, der einen großen göttlichen Einfluss auf mein Leben haben sollte.

Während Dale noch sein Semester abschloss, gingen wir also von Tür zu Tür und verkauften christliche Bücher. Zum einen verbreiteten wir damit die Botschaft, zum anderen verdienten wir das Geld für die Reise. Ich erinnere mich noch gut an eine Dame in North Haledon, die mich sehr glücklich damit machte, dass sie eine große Menge Bücher kaufte. Denn wir brauchten schließlich Geld für Mexiko. Ich denke, dass sie wohl meinen Eifer erkannte, aber auch meinen Mangel an Weisheit, weswegen sie mir empfahl, im Alten Testament in den Sprüchen die Abschnitte über Weisheit zu lesen.

Ich war schon ein ganzes Stück weit im Alten Testament vorgedrungen, aber ich weiß nicht, ob ich schon bei den Sprüchen angekommen war. Sie sagte etwas, das ich nie vergessen habe: »Ein Vers am Tag, und der Teufel muss fliehn.« Dann zeigte sie mir in der Bibel, dass die Sprüche aus 31 Kapiteln bestehen – einem Kapitel für jeden Tag des Monats. Sie können mir glauben, dass ich seitdem beständig in den Sprüchen unterwegs war. Ich ahnte noch nicht, was Gott mit mir vorhatte und wie sehr die Mahnungen und Weisheiten dieses Buches mir in den 46 Jahren weiterhelfen würden, in denen ich Leiter von *Send the Light* war, das später in Europa zu *Operation Mobilisation* wurde.

Was hat mich besonders getroffen? Ein paar Beispiele und Themen möchte ich nennen.

1. Sieg über sexuelle Begierde

Es gibt in der Bibel Hunderte Verse über Sex, von denen sich einige ziemlich wild anhören und außerhalb des gewohnten Rahmens liegen, wie zum Beispiel Sprüche 5,18-19:

> Deine Frau soll gesegnet sein. Freue dich an ihr, die du geheiratet hast, als du jung warst. Sie ist wie eine liebliche Gazelle, wie ein anmutiges Reh. Ihre Brüste sollen dich allezeit berauschen, ihre Liebe soll dich stets in Bann ziehen.

Als junger Christ war ich voller Sehnsucht nach Gott und radikal hingegeben an Jesus und ahnte nicht, dass ich mein Leben lang mit sexueller Begierde zu kämpfen haben würde. Schon vor meiner Bekehrung habe ich mich oft falsch verhalten. Ich wusste immer, dass es nicht okay war, aber erst durch meine Bekehrung fand ich die Kraft, der Begierde wirklich etwas entgegenzusetzen. Ich denke, ich hatte damals noch nie irgendwelche Pornohefte angeschaut, aber ich bin sicher, dass ich ohne Jesus ganz tief in diesen Sumpf hineingeraten wäre. Immer wieder las ich Sprüche 5,6-7 oder andere ähnliche Verse aus anderen biblischen Büchern. Dadurch erhielt ich ein tragfähiges Fundament für den lebenslangen Kampf gegen die Begierde.

> Er folgt ihr ahnungslos wie ein Ochse zum Schlachtplatz oder wie ein Hirsch, der in die Falle läuft [...], denn sie hat bereits viele ins Verderben gestürzt; unzählige Männer fielen ihr zum Opfer. Ihr Haus führt direkt ins Totenreich, wer es betritt, betritt den Weg ins Grab.
>
> *Sprüche 7,22.26.27*

Wir hätten uns nicht träumen lassen, dass uns dieses Thema auch zu einem der größten christlichen Buchhändler machen würde, der Bibeln und Bücher gerade dazu in vielen Sprachen auf der ganzen Welt verkaufen würde. Das entsprechende Kapitel in meinem Buch *Gnade gewinnt*, das zuerst als Artikel in einem Magazin erschienen war, gehört zu den Texten, dessen Veröffentlichung mir am schwersten fiel.

2. Sünden der Zunge

Zu den großen Themen in den Sprüchen gehören die Sünden der Zunge. Schauen Sie sich allein die folgenden Verse an!

> Eine freundliche Antwort besänftigt den Zorn, kränkende Worte erregen ihn. Die Worte eines weisen Menschen helfen zur Erkenntnis; ein Narr aber redet nur dummes Geschwätz. Die Augen des Herrn sind überall, er blickt auf den Bösen und auf den Guten. Freundliche Worte schenken Leben; eine betrügerische Zunge aber zerstört den Geist.
>
> *Sprüche 15,1-4*

> Selbst einen Narren hält man für weise, wenn er schweigt; solange er den Mund nicht aufmacht, scheint er klug zu sein.
>
> *Sprüche 17,28*

> Wer seinen Mund und seine Zunge im Zaum hält, gerät nicht in Schwierigkeiten.
>
> *Sprüche 21,23*

Ich musste auf die harte Tour erfahren, wie sehr Menschen wie ich andere mit einem unfreundlichen Wort verletzen können. In meinem Fall ist die Person, die ich am meisten verletzt habe, meine eigene Frau in den 55 Jahren unserer Ehe. Dank der Gnade Gottes hatte ich in meinem Leben vor meiner Hochzeit schon viele Siege über das, was aus meinem Mund kam, errungen, und die *Revolution der Liebe*, über die ich schrieb, wurde in meinem eigenen Leben Wirklichkeit. Unter anderem durch Bücher wie *Das neue Erwachen* von Roy Hession[7] und *Demut* von Andrew Murray[8] lernte ich, demütig zu werden, meine Schuld zu bekennen und mich zu entschuldigen.

Ich erkannte, dass es meistens mein Stolz war, der mich hiervon abhalten wollte. Deswegen erklärte ich in jungen Jahren allen Arten von Stolz den Krieg. Verse wie Galater 2,20 wurden zum Bestandteil meiner geistlichen DNA. Dass dieses Thema in einigen Gemeinden und sogar unter manchen Leitern so vernachlässigt wird, gehört zu den großen Schwächen unserer Tage, die mich am stärksten beschäftigen.

> Ich lebe, aber nicht mehr ich selbst, sondern Christus lebt in mir. Ich lebe also mein Leben in diesem irdischen Körper im Glauben an den Sohn Gottes, der mich geliebt und sich selbst für mich geopfert hat.
>
> *Galater 2,20*

Auch Billy Graham war mir eine große Hilfe mit seiner starken Botschaft darüber, wie Jesus uns von den sogenannten Todsünden befreit, und anderen Radiobeiträgen, die ich mir auch in gedruckter Form besorgte, las und weitergab. Dieses Büchlein, *Christus bricht Ketten*[9], traf mich so sehr, dass ich Ihnen genau sagen kann, wann und wo ich diesen Text gelesen habe: in der Tasso Road, Hausnummer acht, im Londoner Stadtteil Fulham. Wir lebten dort in so einer Einzimmerwohnung, wie Hoise Birks sie in seiner Autobiografie *A New Man*[10] beschreibt. Wir waren gerade in Großbritannien angekommen und der Name *Operation Mobilisation* wurde damals, im Februar 1962, zum ersten Mal verwendet.

3. Faulheit

Ich erinnere mich daran, wie ich bei einer Konferenz von OM in Indien um das Jahr 1967 die Zuhörer darum bat, von ihren größten Kämpfen bei der Arbeit zu berichten. Zu meiner Überraschung nannten sie Faulheit. Dass es tatsächlich zu einem Problem wurde, lag wahrscheinlich an der extremen Hitze, was ich auch an mir selbst erfuhr. Wieder fand ich mein Fundament in den Bibelversen, die ich schon zu Anfang in den Sprüchen gelesen hatte. Bevor ich 20 Jahre alt geworden war, hatte ich bereits aller Disziplinlosigkeit und Faulheit den Kampf angesagt. Sehen Sie sich einmal die folgenden Verse an.

> Arbeite hart und werde ein Herrscher; sei faul und werde ein Sklave. [...] Faule Menschen fangen nicht einmal das Wild, das sie jagen, ein fleißiger Mensch aber gelangt zu Reichtum.
>
> *Sprüche 12,24.27*

> Ein fauler Mensch ist genauso schlecht wie ein zerstörerischer.
>
> *Sprüche 18,9*

Faule Menschen haben einen tiefen Schlaf – und müssen hungern. [...] Manche Menschen sind so faul, dass sie nicht einmal einen Finger rühren, um zu essen.

Sprüche 19,15.24

Ein fauler Mensch findet immer eine Entschuldigung; er sagt: »Wenn ich hinausgehe, könnte ich auf der Straße einem Löwen begegnen und getötet werden!« [...] Kennst du wirklich fähige Arbeiter? Sicherlich dienen sie eher Königen als geringen Menschen.

Sprüche 22,13.29

Ich hatte das Glück, mit einem Vater aufzuwachsen, der hart arbeitete und mir hinsichtlich dieser biblischen Weisheit viel beibrachte. Später musste ich lernen, geduldig zu sein mit jenen, die ein solches Vorbild nicht gehabt hatten und für die es schon eine echte Herausforderung darstellte, auch nur einen Tag lang hart zu arbeiten. Wenn Arbeit und Disziplin zu sehr betont werden, kann das Leute in eine Art Doppelleben führen. Sie verhalten sich dann auf die eine Art, wenn niemand zusieht, aber ganz anders, wenn jemand dabei ist, besonders aus dem Mitarbeiterteam. Anschließend litten sie unter einem schlechten Gewissen, was zu allen möglichen Arten geistlicher und emotionaler Verwirrung führen kann. Deswegen mussten unsere gesamte Bewegung und mein eigenes Leben immer wieder durch »radikale Gnade« gerettet werden. Lesen Sie unbedingt *... voller Gnade und Wahrheit*[11] von Randy Alcorn.

4. ZORN

Schon in jungen Jahren geriet ich in Schlägereien, einmal sogar mit einem Mädchen, das mich sozusagen verprügelte. Als etwa Zwölfjähriger gründete ich in meiner Straße in Wyckoff, New Jersey, eine kleine

Bande. Unsere Munition bestand aus Eicheln, die von den Bäumen gefallen waren. Albert führte eine andere Bande an. Wir waren Feinde. Mit schwarzer Farbe schrieb ich die gängigsten Schimpfworte unserer Zeit auf die große weiße Fassade seines Hauses. Shirley, das Mädchen von gegenüber, muss mich gesehen haben und erzählte es meinem Vater. Er konnte diesem frühen Ausdruck künstlerischer Begabung nichts abgewinnen, und ich musste es überstreichen. Das klingt witzig, aber Zorn ist alles andere als witzig. Dieser Zorn hätte mein Leben zerstören können.

Einmal besuchte ich einen Mörder im Gefängnis. Er war überraschend nach Hause gekommen und hatte seine Freundin mit einem anderen Mann vorgefunden. In seinem Zornausbruch tötete er ihn auf der Stelle. Als ich ihn traf, hatte er Vergebung in Jesus gefunden und gab im Gefängnis hingegeben seinen Glauben weiter.

Obwohl ich auf diesem wichtigen Gebiet häufig ein siegreicheres Leben führte, erlitt ich auch meine Niederlagen, an die ich mich bis heute gut erinnere. Auch als Kind hatte ich niemanden wirklich verletzen wollen. Ich fühlte mich schrecklich, als ich einmal aus Versehen mit meiner Luftpistole ein Eichhörnchen erschoss – oder war das mit Pfeil und Bogen? Ich weiß es nicht mehr. Ich hatte ein schlechtes Gewissen und bereitete dem kleinen Tierchen ein würdiges Begräbnis. Ungeduld gepaart mit Ärger, den ich meist gut begründen konnte, ist immer eine meiner großen Schwächen gewesen. Aber ich habe den Kampf nie aufgegeben. Es verhält sich wirklich so, wie es in 1. Johannes 1,8-10 steht:

> Wenn wir sagen, wir seien ohne Schuld, betrügen wir uns selbst und die Wahrheit ist nicht in uns. Doch wenn wir ihm unsere Sünden bekennen, ist er treu und gerecht, dass er uns vergibt und uns von allem Bösen reinigt. Wenn wir behaupten, wir hätten nicht gesündigt, machen wir Gott damit zum Lügner und beweisen, dass sein Wort nicht in unserem Herzen ist.
>
> *1. Johannes 1,8-10*

Auch die folgenden Verse passen sehr gut dazu:

> Meine Kinder, ich schreibe euch das, damit ihr nicht sündigt. Aber wenn es doch geschieht, dann gibt es jemanden, der vor dem Vater für euch eintritt: Jesus Christus, der vor Gott in allem gerecht ist. Er ist das Opfer für unsere Sünden. Er tilgt nicht nur unsere Schuld, sondern die der ganzen Welt.
>
> *1. Johannes 2,1-2*

Für mich ist das Thema so ernst, dass ich Leuten davon abrate, jemanden zu heiraten, der seinen Zorn und Ärger nicht besiegt hat. Denn wenn die Person in der Vergangenheit ein großes Problem mit Zorn hatte, bricht das mit hoher Wahrscheinlichkeit nach der Ehe wieder auf und es kann zu körperlicher Gewalt kommen. Häusliche Gewalt gibt es auch unter denen, die behaupten, dem Herrn zu folgen. Es ist eine der Sünden, die die Kirche vielerorts erfolgreich verdeckt gehalten hat, besonders, wenn es sich um einen Diakon, einen Ältesten, einen Anbetungsleiter oder sogar einen Pastor handelte. Wenn Sie an diesem Punkt immer wieder fallen, müssen Sie sich Hilfe suchen. Es wird nicht reichen, nur das Buch der Sprüche zu lesen. Sie brauchen zusätzliche Hilfe, was stets das Bekenntnis der eigenen Schuld beinhaltet und ein Leben im Licht.

> Das ist die Botschaft, die er uns gegeben hat, damit wir sie euch weitersagen: Gott ist Licht; in ihm ist keine Finsternis. Deshalb lügen wir, wenn wir sagen, dass wir mit Gott Gemeinschaft haben, aber weiter in der Finsternis leben. Wenn wir das tun, leben wir nicht in der Wahrheit. Doch wenn wir wie Christus im Licht Gottes leben, dann haben wir Gemeinschaft miteinander, und das Blut von Jesus, seinem Sohn, reinigt uns von jeder Schuld.
>
> *1. Johannes 1,5-7*

* * *

Über all die grundlegenden Dinge in diesem Buch könnte man noch sehr viel mehr sagen. Ein Zweck dieses Kapitels ist, dass Sie es regelmäßig lesen und jedes Thema, über das der Herr zu Ihnen spricht, im Glauben angehen. Ich würde mich sehr freuen, später von einigen zu hören, die genau das getan haben. Ich hoffe auch, dass Sie 1. Timotheus 2,2 lesen und den Inhalt an andere weitergeben werden, die es wieder anderen weitersagen.

> Was du von mir gehört hast, das sollst du auch weitergeben an Menschen, die vertrauenswürdig und fähig sind, andere zu lehren.
>
> *2. Timotheus 2,2*

Kürzlich habe ich zusammen mit Richard Bewes und Paul Blackham eine TV-Reihe über das Buch der Sprüche aufgenommen, von der ich hoffe, dass viele von Ihnen sie sehen können. Außerdem erscheint ein Film über meine Lebensgeschichte, der zu dem passt, was ich in diesem Buch vermitteln möchte *(George Verwer. Unterwegs mit dem Gründer von OM)*. Falls Sie weitere Informationen darüber wünschen oder aber die DVD mit meiner Lebensgeschichte bestellen wollen, gehen Sie bitte auf die Internetseite *www.om.org/de/shop.* Das, was ich geschrieben habe, wird dadurch hoffentlich noch lebendiger und brauchbarer für den Heiligen Geist werden.

Einheit inmitten von Vielfalt

Während ich dieses Kapitel schreibe, befinde ich mich an einem ungewöhnlichen Ort Deutschlands, und zwar im Diakonissenmutterhaus Aidlingen. Seit etwa 40 Jahren komme ich hierher. In einigen Wochen werden sie wieder ein großes Zelt auf ihrem Grundstück aufbauen und eine der größten Jugendveranstaltungen des Landes abhalten, zu der von überall her über 8 000 Menschen kommen, um Gottes Wort und wunderbare christliche Musik zu hören. Dieses Jahr sorgt OM mit Bill Drake für den musikalischen Rahmen. Ich weiß noch, wie ich vor ein paar Jahren hier gesprochen habe. Es ist immer herrlich zu sehen, wie Gott an den Herzen so vieler junger Leute arbeitet. Diese lieben Schwestern haben ein Keuschheitsgelübde abgelegt, und manche halten sie für evangelische Nonnen, wobei sie tatsächlich der evangelischen Landeskirche angehören.

Ich war beeindruckt. Als junger Christ aus den USA hatte ich nicht gewusst, dass es so etwas gibt. Jetzt genieße ich das Vorrecht, einige dieser Schwestern in Jesus zu meinen engen Freunden zählen zu dürfen. Das Mutterhaus gehört zu meinen Lieblingsplätzen, wenn ich das Tempo etwas herunterfahren und Zeit im Gebet verbringen oder schreiben und in dem großen Wald dort in der Nähe spazieren gehen möchte. Wir studieren auch zusammen Gottes Wort und haben gute Gemeinschaft zwischen den wunderbaren Mahlzeiten. Ihre tiefe Liebe zu Jesus und seinem Wort und ihr Anliegen der Weltmission sind offenkundig.

Können Sie sich die Vielfalt der Bewegungen, Kirchen und Leute vorstellen, denen ich in diesen sechzig Jahren in beinahe hundert Ländern begegnet bin? Wenn man mit unserem Schiff *Logos Hope* unterwegs ist, findet man allein dort schon etwa vierzig verschiedene Nationalitäten zusammen auf einem Deck. Kein Wunder, dass die Gebetsabende hochinteressant sind.

Ein anderer meiner Lieblingsorte ist *Wisley Gardens* außerhalb von London in der Nähe des Flughafens Heathrow. In der Gegend wohnt mein guter Freund Danny Smith, der sich bekehrte, als ich ihn vor fast fünfzig Jahren in Kalkutta kennenlernte. Er ist immer bereit, mich am Bahnhof abzuholen und mich zu diesem Garten mit seinen Tausenden verschiedener Blumen zu fahren. Dort war ich schon sehr häufig spazieren, oft mit einer Hörbibel im Ohr oder am Telefonieren. Der riesige Garten erinnert mich an die weltweite Gemeinde mit ihren derzeit über 40 000 Denominationen beziehungsweise Strömungen oder Bewegungen, deren Zahl schnell anwächst.

Besonders mag ich den Abschnitt mit den Kakteen in *Wisley Gardens.* Ich hätte nie gedacht, dass es so viele Arten gibt. Da muss ich an die vielen Männer und Frauen Gottes denken, denen ich auf der ganzen Welt begegnet bin.

Leiter, die ich sehr schätze, habe ich schlecht über Bewegungen und Denominationen sprechen hören. Vielleicht habe ich früher selbst so gedacht. Doch wenn ich die Vielfalt der Menschen betrachte, die Gott in der Bibel gebraucht hat, und die atemberaubende Vielzahl an Sternen und Galaxien – ein Reichtum, der mir in so ziemlich jedem Bereich der Schöpfung begegnet; dann wird mir bewusst, dass das eine wunderbare und gute Sache ist. Warum sind wir nicht alle eine Gemeinde (geistlich gesehen sind wir das)? Ich denke, die Antwort ist leicht. Weil Gott sein Reich nicht auf diese Art baut (ich weiß, dass Leute unterschiedliche Vorstellungen davon haben, was das bedeutet).

Wir sollten diese großartige Vielfalt feiern. Mir ist bewusst, dass einige dieser Bewegungen womöglich Irrlehren folgen, womit sie dann nicht mehr Teil des Reiches Gottes wären. Aber selbst dort lassen sich mitunter einige wahre Gläubige finden. In den meisten Denominationen gibt es Spaltungen, wobei die größte Spaltung zwischen zwei Gruppen verläuft, nämlich denen, die glauben, dass die Bibel wirklich Gottes Wort ist, und denen, die das nicht tun.

»Fundamentalisten« kam ins Spiel, um damit diejenigen zu bezeichnen, die die Bibel als Gottes Wort annehmen. Man unterscheidet sie von den »Liberalen« (was mit Politik nichts zu tun hat), bei denen das nicht so ist. In den letzten Jahrzehnten hörte man immer öfter die Bezeichnung »Evangelikale« für diejenigen, die den biblischen Glauben bewahren, aber nicht als »Fundamentalisten« abgestempelt werden wollen, weil das Wort mit Gesetzlichkeit und Richtgeist in Verbindung gebracht oder sogar mit islamischem Fundamentalismus verglichen wird.* Um klarzustellen, dass sie keiner obskuren, sektiererischen Glaubensrichtung angehören, haben sich Tausende Kirchen und Hunderte Bewegungen der Weltweiten Evangelischen Allianz (WEA) oder der entsprechenden Organisation in ihrem Land angeschlossen. Auch ich gehöre zur WEA und habe mich früher dort engagiert. Bei unseren großen internationalen Veranstaltungen haben wir für die vielen verschiedenen Arten, auf die Gott in all den Denominationen und Bewegungen wirkt, eine große Wertschätzung entwickelt.

Ich sehe sie als Familie und glaube, dass Gott einen guten Teil seines Werkes durch die Familie tut. Ich hatte früher eine harte Haltung

---

* Der englische Begriff *evangelical* kann sowohl mit »evangelisch« als auch mit »evangelikal« übersetzt werden. Der Begriff »Evangelikale« werde laut Prof. Eckhard J. Schnabel oft als »Denk- und Kampfschablone« verwendet, indem er in der öffentlichen Diskussion häufig mit »Fundamentalisten« gleichgesetzt werde, obwohl »Journalisten und Kommentatoren mit der Vergabe des Fundamentalisten-Etiketts« in jüngerer Zeit vorsichtiger geworden seien. Vgl. Eckhard J. Schnabel, *Sind Evangelikale Fundamentalisten?* Holzgerlingen: SCM Verlag, 2006. S. 7.9.11. [Anmerkung des Verlags]

denen gegenüber, die nicht so überkonfessionell eingestellt waren wie ich, doch das hat sich geändert. Wenn sie Jesus kennen und ihm treu ergeben sind und sich ebenso in ihrer örtlichen Gemeinde oder Denomination engagieren, dann sage ich einfach: Preis dem Herrn! Dort haben sie wahrscheinlich zu Jesus gefunden und sind im Glauben gewachsen. Das ist ihnen wichtig und es ist einfach normal, dass ihr geistliches Leben und ihre Tätigkeiten hauptsächlich innerhalb dieser Familie stattfinden.

Es ist nun einmal so, dass viel Gemeindewachstum und Beteiligung am gesellschaftlichen Leben auf dieser Ebene stattfindet. Aber ja, Gott gebraucht überkonfessionelle Bewegungen ebenso, und wir sollten die Entweder-oder-Mentalität ablegen und akzeptieren, dass Gott mit unterschiedlichen Leuten unterschiedlich arbeitet.

Je mehr Anbetungszeiten und Evangelisationen wir gemeinsam abhalten können, umso besser ist es natürlich. Ohne aufrichtige Liebe füreinander behindern wir letztlich nur uns selbst und unsere Gemeinde oder Bewegung.

Gott wirkt durch Kultur, Sprache, Menschen, Situationen und alle möglichen Umstände. Die meisten Kirchen oder Bewegungen der letzten zweitausend Jahre wurden von einem oder mehreren Leitern mit Vision gegründet. Dafür gibt es Tausende Beispiele. Bis zu Luthers Zeiten gab es nur einige wenige Abspaltungen, aber die katholische Kirche hatte gelernt, eine gewisse Vielfalt in Orden zu kanalisieren, so dass wir dort eine große Bandbreite verschiedener Orden vorfinden, wie die Jesuiten, die Franziskaner oder die Marienschwestern. An dieser Stelle werde ich nicht über die großen Verirrungen schreiben, die sich damals bis heute in die Kirche eingeschlichen haben. Besonders zu Luthers Zeiten herrschte wirklich Chaos hoch zehn, aber wer wagt zu behaupten, dass Gott inmitten all dessen überhaupt nicht gewirkt hätte?

Einige Katholiken, die ich kennengelernt habe, sind im Hinblick auf unsere verschiedenen Gemeinden und Denominationen besonders kritisch eingestellt. Ich empfehle ihnen einen Spaziergang durch *Wisley Gardens*. Gott wirkt in unserer gefallenen Schöpfung und menschlichen Natur. Alles, was der Mensch anfasst, sogar die Gemeinde, wird Schwächen, Fehler und manchmal leider auch extreme und falsche Lehren beinhalten. Doch es ist ein großes Geheimnis, wie unser großartiger Gott durch das, was Jesus Christus am Kreuz vollbracht hat, inmitten all dessen weiterhin wirkt und wunderbare Dinge tut. Wir sollten mehr Begeisterung für das aufbringen, was Gott auf der ganzen Welt in schätzungsweise mehreren Millionen unterschiedlicher örtlicher Gemeinden tut. Das ist großartig! Ihm sei Ruhm und Ehre dafür!

Das soll nicht heißen, dass wir unseren Kampf für mehr Heiligkeit, Wahrhaftigkeit, Sieg und all die Dinge, über die ich in diesem und anderen Büchern schreibe, vernachlässigen sollten. Wir sollten nie vergessen, dass Satan wie ein brüllender Löwe umherstreift und nach einem Opfer sucht, das er verschlingen kann, und dass er sich manchmal als Engel des Lichts verstellt. Die Realität des geistlichen Kampfes, wie sie in Epheser 6 herausgestellt wird, ist eine ernste Sache.

Wir alle wissen, dass manche Kirchen oder ganze Denominationen tot oder zu großen Teilen tot sind. Andere haben die Grenze zu Extremismus oder sogar Ketzerei überschritten. Wir müssen alle den guten Kampf kämpfen. Wir dürfen Sünde und Torheit nicht schönreden, sondern müssen immer bußfertig sein und versuchen, die Dinge wieder ins Lot zu bekommen. Am Ende brauchen wir die Wahrheit auf jedem Schritt des Weges.

In meinem Buch *Gnade gewinnt* habe ich über die Spannung geschrieben, die sich zwischen Gemeinden und übergemeindlichen Werken ergeben kann. Besonders Kapitel 21 lege ich Ihnen sehr ans Herz.

Messiologie: Widersprüchlich, vielschichtig und geheimnisvoll

Beim Schreiben ist mir sehr wohl bewusst, dass viele junge Christen dieses Buch lesen und es vielleicht ziemlich übertrieben oder gar verwirrend finden werden. Dieses Risiko muss ich eingehen, denn früher oder später werden sie auf Leute oder Gemeinden und christliche Gruppierungen treffen, die wirklich zumindest übertreiben oder andere verwirren. Sie lesen meine Gedanken zu vielen Bereichen des christlichen Lebens. Unabhängig davon, wie traurig oder wild oder sogar falsch manches erscheint, geht es in diesem Buch im Endeffekt um die Größe und Gnade Gottes, die wir in dem erkennen, was Jesus für uns am Kreuz vollbracht hat. Sie können dieses Buch ruhig für eine Weile zur Seite legen und *Der christliche Glaube*[12] von John Stott oder *Friede mit Gott*[13] von Billy Graham lesen. Wenn Sie mir eine E-Mail schreiben, schicke ich Ihnen ein paar Bücher als Geschenk, die für junge Christen besser geeignet sind als das vorliegende.

Vielleicht gehören Sie auch zu der Gruppe junger Christen, die bereits verwirrt oder entmutigt sind von dem, was Sie bis jetzt in der Kirche, bei OM oder in irgendeinem anderen christlichen Werk gesehen oder erlebt haben. Wenn das der Fall ist, lesen Sie bitte weiter. Bitte versuchen Sie nachzuvollziehen, was ich sagen möchte. Denn ich möchte von Herzen über einige Dinge sprechen, mit denen ich zu kämpfen hatte. Ich habe endlose Schlachten ausgetragen und bin bei Enttäuschung, Entmutigung und sogar Zweifel und Unglauben gelandet.

Wahrscheinlich schreibe ich darüber auch, weil ich in den 60 Jahren, die ich als Christ lebe, viele Christen und oft auch christliche Leiter gehört habe, die anderen Christen, Kirchen und Gemeinden sehr kritisch gegenüberstanden. Darunter waren auch Leute, die ich schätze und liebe und von denen ich gelernt habe. Mein Problem damit war nicht nur der auffällige Mangel an Interesse und Liebe, sondern dass oft Tatsachen verdreht oder Dinge aus dem Zusammenhang gerissen wurden. Ich wünschte, wir hätten vor fünfzig Jahren schon Bücher wie *Mit Liebe leiten*[14] oder *Gut, dass wir einander haben*[15] von Alexander Strauch gehabt. Er ist ein ehemaliger OM-Mitarbeiter, den ich sehr schätzen gelernt habe. Wir hatten einige solcher Bücher, und ich freue mich, dass sie bei OM sehr beliebt waren. Diese Bücher helfen uns mehr, als wir ermessen können, an unserem Fundament zu bauen. Dazu gehören auch *Das neue Erwachen*[16] von Roy Hession und *Love is the Answer*[17] von Theodore Epp. Kurz danach schrieb ich *Die Revolution der Liebe*[18] und weitere Bücher über Jüngerschaft, Extremismus und Ausgewogenheit.

Lassen Sie mich klarstellen, dass ich als junger Leiter manchmal einer der größten Kritiker anderer Leiter, Gemeinden und Organisationen war. Ich lernte nach und nach, die Dinge positiver zu sehen. Aber ich musste erst meine Sicht darüber ändern, wie Gott mit unterschiedlichen Menschen arbeitet, bevor ich erkennen konnte, dass er Gutes durch Leute oder Organisationen tat, die sich meiner Meinung nach auf Irrwegen befanden oder sich falsch verhielten. In seinem im ersten Kapitel schon erwähnten Buch *… voller Gnade und Wahrheit* hat uns Randy Alcorn einen großen Dienst erwiesen, indem er uns gezeigt hat, dass wir – wie es bei mir der Fall war – der Wahrheit verpflichtet sein und gleichzeitig ein Leben voll Liebe und Gnade führen können. Wir werden dann vorsichtiger mit Kritik sein, vor allem, wenn wir gar nicht über alle Aspekte der Geschichte im Bilde sind. Es ist oft schwierig, die Tatsachen herauszufinden.

Gleichzeitig fordert uns die Bibel dazu auf, den Glauben zu verteidigen. Es würde uns allen weiterhelfen, das zweite und dritte Kapitel des Johannesevangeliums noch einmal zu lesen.

In diesem Kapitel soll es um die Bereiche gehen, die so viel Verwirrung und Streit verursacht haben.

1. Bücher, Traktate und das, was ich in meinem ersten Buch, *Literature Evangelism*[19], das nicht mehr aufgelegt wird, als *printed page* (»bedruckte Seite«) bezeichnet habe. Als ich begann, Bücher von Haus zu Haus zu verkaufen, war ich seit etwa zwei Jahren Christ. Im Sommer 1957, bevor ich nach Mexiko ging, fiel mir das Magazin *Floodtide* von *Christian Literature Crusade* (CLC) in die Hände. Durch meinen Kontakt zur *Pocket Testament League* ergab es sich, dass ich schon vor meiner Bekehrung darauf vorbereitet wurde, mit Druck-Erzeugnissen zu arbeiten, besonders mit Bibeln, Neuen Testamenten und den Evangelien. Ich war durch die Lektüre christlicher Bücher und Traktate gesegnet worden, und mir lag viel daran, auch andere an diesem Segen teilhaben zu lassen. Beim Haustürverkauf merkte ich, dass sich Kinderbücher am besten verkauften, woraufhin ich auch in dieses Geschäft einstieg. Ich kam bald mit allen möglichen Büchern mit allen erdenklichen Lehren in Berührung, von denen einige sehr extrem und voller Unwahrheiten zu sein schienen. Wenn ich auf mein bücherreiches Leben zurückschaue, kann ich sagen: »Gott gebraucht Bücher!«, aber nicht nur der Teufel, sondern auch Gott kann – und das wollen Sie vielleicht nicht hören – schlechte Bücher gebrauchen. Ich erkannte, dass Bücher, die ich nicht mochte und niemals verkauft hätte, von

Gott gebraucht wurden, um Menschen zu helfen und sie sogar zu Jesus als ihrem Erlöser zu führen. Wie soll man damit umgehen, dass jemandem Hilfe und Segen durch ein Buch zuteilwurde, das man selbst so richtig schlecht findet? Wie soll man sich erklären, dass Gott Bücher mächtig gebraucht, deren Autoren in Ehebruch oder Schlimmeres abgerutscht sind?

Noch komplizierter wird die Sache, wenn Männer und Frauen Gottes, die wir lieben und schätzen, Bücher schreiben, mit denen wir in wichtigen Punkten nicht übereinstimmen. Wenn wir viel lesen und eine große Bandbreite von Leuten anerkennen, wie entscheiden wir dann noch, was wir glauben sollen? Jüngeren Gläubigen scheint das leichter zu fallen. Mein Enkel tut sich scheinbar nicht so schwer wie ich damit, bei kniffligen Fragen und Lehren zu entscheiden, was er glaubt. Ich werde es nicht mehr erleben, aber ich frage mich, wie es ihm wohl ergehen wird, wenn er in meinem Alter ist? Manchmal kommt mir alles sehr chaotisch vor. Das ist wohl der Grund dafür, warum ich über das Chaos lehre. Wie schon gesagt, habe ich dafür in einer Wortkreuzung aus englisch *mess* (Durcheinander, Chaos) mit »Theologie« das Wort »Messiologie« erfunden. Denn Gott wirkt in seiner großen Gnade, die unseren Verstand übersteigt, oft gewaltige Dinge mitten im Chaos. Manches erscheint uns sehr wichtig und ist es wahrscheinlich auch für Gott. Aber was Jesus am Kreuz vollbracht hat, ändert die Prioritäten und öffnet die Augen dafür, dass der lebendige Gott unterschiedlich mit unterschiedlichen Leuten, Gemeinden und Situationen umgeht.

2. Wenn wir schon die Welt der christlichen Literatur komplex finden, wie sieht es dann aus mit Fernsehen, YouTube, Internet, Facebook und was sonst noch alles auf uns zukommt? Man möge mir verzeihen, aber das haut mich von den Socken. Wenn man nachforscht, so wie ich es getan habe, wird man feststellen, dass besonders Fernsehprediger, die manche von uns sich kaum anschauen oder anhören können, nicht nur Tausende, sondern Zehntausende

auf der ganzen Welt zu Jesus geführt haben. Manche werden jetzt reflexartig sagen: »Nun, die meisten davon sind ja keine richtigen Bekehrungen.« Darauf folgt ein Vortrag darüber, was das Evangelium ausmacht und was es bedeutet, wahrhaft Buße zu tun und Jesus als Herrn anzunehmen – alles, damit wir glauben, dass das keine biblischen Bekehrungen sind. Ich habe auch meine Probleme damit, aber das Ding ist, dass ich diesen Leuten seit fünfzig Jahren überall auf der Welt begegne und sie sich als wahrhaftige Christen herausstellen. Viele von ihnen sind von Gott nicht allein dazu gebraucht worden, andere zu Jesus zu führen, sondern Tausende von Gemeinden zu gründen.

Vergessen Sie nicht, dass wir uns immer noch mitten in der größten Ernte befinden und in einem Ausmaß Menschen zum Herrn kommen, wie die Welt es nie zuvor gesehen hat. Ich habe mich durch Billy Graham, den am meisten kritisierten Prediger meiner Zeit, bekehrt. Mein ganzes Christenleben hindurch war ich immer mit dem Vorwurf konfrontiert, dass Leute, die in solchen Versammlungen irgendwelche Entscheidungen treffen, nicht wirklich gerettet sind, weil das alles nur Kopfentscheidungen seien. Es war mir immer schon ein Rätsel, wie manche Leute regelrechte Freude daran finden, die Zahl der wirklich geretteten Menschen zu verringern.

Wir sagen, dass Leute durch Gnade gerettet werden, wenn sie ihren Glauben in Jesus Christus setzen, aber gleichzeitig scheinen wir wahres Christsein daran zu messen, ob jemand alle Ordnungen und Regeln auch wirklich befolgt. Bitte lesen Sie *Die Pharisäer-Falle*[20] von Tom Hovestol, und Sie werden wie ich erkennen, wie schnell wir gewissenhaften Gläubigen dabei sind, eine pharisäische Ader zu entwickeln. Auch hier war mir das in der Einleitung erwähnte Buch von Charles Swindoll, *Zeit der Gnade* mit dem Kapitel »Graciously disagreeing and pressing on« (»Liebenswürdig anderer Meinung sein und seinen Weg fortsetzen«) eine große Hilfe. Ich persönlich halte mich fern von gewissen Leuten, darunter einige sehr berühmte, und verteile Bücher gegen Extremismus, zum Beispiel extreme Wohlstandslehren. Ich schreibe und spreche nach wie vor gegen falsche Lehren und Extremismus, aber ich würde nie dem lebendigen Gott vorschreiben, dass er sich von dieser oder jener Person zu distanzieren hat. Ich bin nur ein schwacher, sehr begrenzter Mensch. Er ist der allmächtige Gott des Himmels und er scheint inmitten all des Paradoxen, Komplexen und Geheimnisvollen mächtige Taten zu vollbringen. Nennen Sie es, wie Sie wollen. Ich nenne es »Messiologie«.

3. Als dritten Punkt möchte ich über Musik schreiben. Gott hat immer schon unterschiedlichste Musik, Lieder und Gruppen gebraucht, um Menschen in die Anbetung oder zu Jesus zu führen. Damit wären wir bei einer weiteren jahrzehntelangen, vielschichtigen Geschichte. Man könnte es als ein Wunder bezeichnen, dass ich fast von Anfang an für christliche Popmusik zu haben war. Das Neue Testament sagt nicht viel über Musik, aber im Alten Testament finden wir eine große Bandbreite von Musik und Tanz. Es ist kaum zu glauben, wie viele Streitereien es darum gegeben hat und wie sich buchstäblich Zehntausende Gemeinden deswegen gespalten haben.

   Da gab es Leute, die behaupteten und sogar Abhandlungen darüber schrieben, dass Schlagzeugmusik vom Teufel sei (ich besitze solch ein Heft). Ich habe Kassetten gehört (damals … meine Güte, heute immer noch, denn mein altes Auto hat nur einen Kassettenrekorder), Hefte und ganze Bücher von Leuten gelesen, die ich schätze. Darin verurteilten sie zum großen Teil Musik, von der ich wusste, dass Gott sie mächtig gebrauchte. Das hätte mich völlig entmutigen können, wenn sich nicht meine Sicht auf Gott, seine Liebe und seine Art zu wirken gewandelt hätte. Er muss schon sehr viel Humor aufbringen, wenn er seinen Kindern bei ihrem Treiben zuschaut.

Falls Sie denken, das wäre eine Kleinigkeit oder hätte sich schon erledigt, dann haben Sie wahrscheinlich keine Ahnung, was in der weltweiten Gemeinde vor sich geht. Manche sind sogar wegen extremer Aussagen oder verhärteter Fronten in der Musikfrage vom Glauben abgefallen oder haben ihre Gemeinde verlassen. Heute scheint die moderne Musik den Kampf für sich entschieden zu haben, aber es ist noch nicht vorbei. Neue Probleme ergaben sich beim Thema Lautstärke. Ich muss zugeben, dass ich an den meisten Orten Ohrenstöpsel trage. Hinzu kommt, dass nicht wenige bedeutende Musiker in Sünde gefallen sind oder sich haben scheiden lassen. Dass einige Musiker lautstark über andere Musiker herziehen, ist auch nicht sonderlich hilfreich. Manche Leute haben die gesamte christliche Musikszene aufgrund der vielen Geschichten über Geldgier, Stolz und Unmoral abgeschrieben. Ich persönlich halte das für einen großen Fehler, weil Gott in dem ganzen Chaos großartige Dinge tut und viele Menschen zu Jesus kommen.

Wer viel liest, wird besonders in christlichen Zeitschriften massenhaft über negative Artikel und christliche Horrorgeschichten stolpern. Aber Vorsicht! Ein negativer Artikel beweist noch nichts, weil er nie das vollständige Bild zeichnet, schon gar nicht im Hinblick auf das, was Gott inmitten von Chaos und menschlichem Versagen tun kann. Wir müssen uns Römer 8,28 ins Gedächtnis rufen: »Und wir wissen, dass für die, die Gott lieben und nach seinem Willen zu ihm gehören, alles zum Guten führt.«

Wo ist Gott in all dem? Wenn Sie mich fragen: Er ist mittendrin – er liebt, vergibt, rettet und gebraucht all das, was die Bibel als »Tongefäße« bezeichnet, um sein Ziel zu erreichen. Sie können ganz entspannt sein, denn Sie müssen ja nicht Ihre Gemeinde mit den traditionellen Chorälen verlassen. Hören Sie einfach nur auf, diejenigen zu verurteilen, die einen anderen Weg gewählt haben. Zu meinen 60- und 70-jährigen Altersgenossen sage ich: »Was ist denn wichtiger? Dass uns die Musik gefällt oder dass mehr junge

Leute aus der kommenden Generation Jesus kennenlernen und ihn anbeten?« Können wir überhaupt erahnen, was Gott durch Gemeinden wie *Hillsong* und ihre Musik getan hat? Multiplizieren Sie Ihre Schätzung mit tausend. Dann nähern wir uns vielleicht der Dimension, in der unser Gott weltweit durch alle möglichen Musikstile und die unterschiedlichsten Menschen wirkt. Besorgen Sie sich einfach ein paar Ohrstöpsel, dann kann es losgehen!

4. Viertens möchte ich über Gottes Personal in der Politik sprechen, bei den Konservativen, bei den Linken und überall dazwischen. In den USA ist das ein großes Streitthema in der Gemeinde und es wird jeden Tag schlimmer. Ich glaube fest daran, dass Gott durch eine gespaltene Gemeinde (damit meine ich den gesamten Leib Jesu) wirken kann. Schließlich stand ihm nie etwas anderes zur Verfügung. Man schaue sich nur die Briefe im Neuen Testament an. Das kann allerdings nie als Entschuldigung für unseren Mangel an Liebe oder andere Sünden herhalten. Ein Teil des Problems lässt sich damit erklären, dass manche Leute eine christliche Nation anstreben und andere eben nicht. Ich verfolge nicht das Ziel einer christlichen Nation, aber ich liebe diejenigen, die es tun. Alle Nationen zu allen Zeiten sahen sich dem abgrundtief Bösen gegenüber. Wer glaubt, dass sich das in der Zukunft ändern wird, der irrt sich, aber ich liebe ihn trotzdem.

   Bevor ich ans *Moody Bible Institut* in Chicago wechselte, studierte ich Geschichte, und damit habe ich bis heute nicht aufgehört. Wir können so viel aus der Geschichte lernen. Es kann sehr herausfordernd sein, verschiedene Standpunkte zu betrachten, und noch schwieriger ist es herauszufinden, wie es wirklich war. Deswegen sollten alle Geschichtsstudenten etwas Demut mitbringen und nicht ganz so rechthaberisch sein. Sollten Christen wüste Beschimpfungen loslassen und Hass-Mails verschicken? Wohl nicht. Aber wenn sie es doch tun, liebt unser mächtiger Gott sie trotzdem irgendwie und kann sie besser gebrauchen, als mir lieb ist. Also lassen wir uns nicht vom Chaos in diesem Bereich oder in der Regierung entmutigen, sondern richten wir uns auf Gott aus und auf das, was er dort tun kann. Wir haben mehrere Tausend Jahre Geschichte hinter uns, die uns gezeigt hat, was Gott im Chaos zu tun vermag. Vielleicht sollten wir ins Kino gehen und uns den neuen Blockbuster über Noah ansehen.

Das soll nicht heißen, dass wir leugnen, Salz und Licht der Erde zu sein, und natürlich auch nicht, dass Christen nicht in die Politik gehen sollten oder dass es keinen Raum für Patriotismus gäbe. Gott wirkt in unserer Kultur, und diese wichtigen Dinge gehören dazu. Je mehr wir echte christliche Werte in unserer Gesellschaft und unserer näheren Umgebung sehen, desto besser. Aber wir können das nicht erzwingen und zum Gesetz machen. Wir sollten die Regierung nicht mit der Gemeinde verwechseln. Zu viele bekämpfen heutzutage die Finsternis, anstatt das Licht zu bringen. Das ist ein aussichtsloser Kampf, der der Mühe nicht wert ist. Lassen Sie uns die Prioritäten richtig setzen. Lassen Sie uns vor allem eingestehen, dass Gott unterschiedliche Leute und unterschiedliche Gemeinden ganz unterschiedlich leitet. Können wir denn nicht die extra Meile gehen und Gottes Wirken in anderen Menschen wertschätzen? Auch bei vielen anderen Themen werden wir nie ganz einer Meinung sein, aber ich hoffe, wir können uns darauf einigen, dass Gott in allen möglichen Situationen große Dinge tun kann, auch in denen, vor denen wir davonlaufen würden.

DIE GEMEINDE, MISSION UND HOLLYWOOD

In den vorangegangenen Kapiteln habe ich ein paar wenige Bereiche angesprochen, die ziemlich vielschichtig und chaotisch wirken. Sicherlich reicht es Ihnen langsam und Sie wollen nicht noch mehr davon lesen, aber erlauben Sie mir, die Liste fortzuführen. Über all diese Bereiche habe ich ein halbes Jahrhundert lang gelesen und zu Leuten gesprochen. Haben Sie also bitte ein wenig Geduld mit mir. Wenn Sie diese Punkte verinnerlichen, kann das in Ihrem Leben zu mehr Gnade, Großherzigkeit und Vergebungsbereitschaft führen. Ich glaube, dass Sie dann in schwierigen Situationen mehr Weisheit und Einsicht haben werden, besonders, wenn Sie eine Leitungsposition innehaben.

GEMEINDELEITUNG

Als junger Christ hätte ich mir nicht träumen lassen, auf wie viele unterschiedliche Arten man eine Gemeinde leiten kann und wie der Herr so viele unterschiedliche Methoden segnen kann. Wer einer bestimmten Methode folgt, ist davon meistens auch sehr überzeugt. Wenn das bei Ihnen der Fall ist, will ich Sie nicht davon abbringen, aber Sie könnten vielleicht etwas weniger dogmatisch sein und eingestehen, dass Ihr Weg nicht der einzig wahre ist. Von »einem möglichen Weg« zu sprechen, wäre viel sensibler, als von »dem einzig wahren Weg«.

Jetzt haben wir teamgeleitete Gemeinden. Dieses Konzept wird manchmal auch Ältestenleitung genannt und geht auf die Brüderbewegung zurück, die zu ihrer Zeit eine sehr dynamische Bewegung war und es teilweise bis heute ist. Dale Rhoton, der bei der ersten Reise nach Mexiko dabei war und den ich am *Maryville College* kennengelernt habe, schloss sich dieser Bewegung an und schrieb ein kleines Buch darüber, dass dies der neutestamentliche Weg sei. Erst als ich in Mexiko-Stadt zum ersten Mal mit den Brüdern zusammen Gott angebetet habe, begann ich, diese einzigartige Bewegung zu verstehen. William MacDonald, damals Vorsitzender des *Emmaus Bible College* in Chicago, wurde ein Freund und Unterstützer der Bewegung. Sein Buch *Wahre Jüngerschaft*[21] sollte großen Einfluss auf unsere Bewegung haben. Aus verschiedenen Gründen beschloss ich, mich von Dale in der *Bethany Chapel* in Wheaton taufen und dabei vollständig untertauchen zu lassen. Zu dieser Zeit war ich jedoch schon sehr, sehr interkonfessionell unterwegs, wobei mir das *Moody Bible Institute* geholfen hat. Und dann heiratete ich eine Baptistin!

Dale und ein paar andere wurden von ihrem Brüderbund ausgesandt, um bei OM mitzuarbeiten, was für uns eine große Gebetserhörung war. Wir ahnten damals noch nicht, dass sich dieses Werk einige Jahre später in Großbritannien etablieren würde, wo die Brüderbewegung ihren Ursprung hatte und nach wie vor tätig ist. Die Geschichte einiger unserer Leiter war mit ihnen verbunden, darunter unser erster Direktor in Großbritannien, Keith Beckwith, und später Peter Maiden, mein stellvertretender Vorsitzender und späterer Nachfolger.

In der Brüderbewegung gab es viele Abspaltungen. Bei fast jeder einzelnen Brüdergemeinde, die ich kennenlernte, erlebte ich das. Aber Gott wirkt weiterhin und es ist immer noch eine ziemlich gesunde weltweite Bewegung. Für mich war es ermutigend, wie viele von ihnen mich angenommen haben und ich sogar bei großen Leiterversammlungen sprechen durfte. Manche Gemeinden haben jetzt Pastoren, die leiten und dabei immer noch Teil eines Teams sind. Andere schrecken vor dem Gedanken zurück, was zu weiteren Abspaltungen geführt hat. Wenn wir ehrlich sind, dann gehört es zu Gottes geheimnisvoller Arbeitsweise, dass die Gemeinde unter anderem durch Spaltungen und Trennungen wächst. Das soll keine Entschuldigung für Sünde oder Fehlverhalten sein. Aber wieder sehen wir ganz deutlich, dass Gott mitten im Chaos wirkt.

Es gibt so viele unterschiedliche Leitungsmodelle in Gemeinden, dass man sie gar nicht alle aufzählen kann. Viele von uns waren überrascht zu sehen, dass unser Dienst in Indien, der vollständig unter der Leitung von Einheimischen steht, sich zu einer Kombination aus Brüderbewegung, Baptisten, Methodisten und anglikanischer Kirche mit charismatischem Einschlag entwickelt hat. Die Gemeinden von *Good Shepherd Ministries* in Indien gehören zu den besten Früchten, die sich aus dem OM-Baum entwickelt haben. Aber wir mussten sie ihren eigenen Weg finden lassen. Meine veränderte Sicht auf Gottes Wirken hat mir sehr dabei geholfen, das zu verstehen. Sie können mir glauben, dass ich von dem, was dort passiert, hellauf begeistert bin und es nach Kräften unterstütze.

Aber das bedeutet nicht, dass ich mit allem übereinstimme oder alles verstehe. Wo immer sich viele Menschen auf einmal bekehren, bricht das totale Chaos aus. Deshalb sollten wir beten und diesen oder einen ähnlichen großartigen Dienst umso mehr unterstützen. Durch dieses schnelle Wachstum haben wir gelernt, dass uns Fehler teuer zu stehen kommen. Wir haben auch gesehen, wie der Teufel bei dem Versuch, einen Dienst zu zerstören, Klatsch und Tratsch gebrauchen kann. Können wir nicht einfach alle wohlwollend auf das blicken, was Gott auf unterschiedliche Weise in dieser Vielfalt von Gemeinden mit ihren verschiedenartigen Frömmigkeitsstilen und Leiterschaftsmodellen tut?

HOLLYWOOD UND CHRISTLICHE FILME

Als Kind liebte ich gute Filme und auch einige schlechte, und so war es ein ziemlicher Schock für mich, als ich als junger Christ gesagt bekam, dass Filme und Kino Teufelswerk seien. Am *Moody Bible Institute* musste ich mit meiner Unterschrift versichern, dass ich mir keine Filme ansehen würde. Ich war so auf Jesus und die Weltmission fixiert, dass ich keinerlei Risiken eingehen wollte und mich in vielen Fragen an die jeweiligen Regeln hielt. Erst später bemerkte ich, dass vieles davon Gesetzlichkeit war und ich mich in ihren Fängen befand. Wir haben in den vergangenen Jahrhunderten zweifellos gesehen, dass Gott in einer gesetzlichen Umgebung wirken kann. Aber ich glaube, dass die Bibel uns einen besseren Weg lehrt. Das hat viel mit Kultur zu tun und wir sehen, wie wunderbar Gott in nahezu alle kulturellen Gegebenheiten hineinwirken kann. Wenn ein Texaner gerettet wird, bleibt er ein Texaner. Das mag die Christen in Boston verunsichern, aber für den lebendigen Gott ist es kein Problem. Viele Missverständnisse zwischen Staaten, Völkern und Städten würden sich in Wohlgefallen auflösen, wenn wir mehr auf Gott ausgerichtet wären und seine Wege besser verstehen würden.

Unsere Bewegung entwickelte sich parallel zur christlichen Filmindustrie, die unter der Leitung von Ken Anderson und vielen anderen anwuchs. Schon 1963 hatten wir viele von unseren Lieferwagen mit Projektoren ausgestattet, als wir durch Europa zogen und Millionen mit dem Wort Gottes erreichten. Wir gebrauchten Filmrollen, dann Videokassetten und dann DVDs mehr als je zuvor. Es war auffällig, wie sehr fast alle diese Filme kritisiert wurden, besonders von Leuten aus dem Filmgeschäft. Bei den meisten handelte es sich um Low-Budget-Produktionen und die waren natürlich in ihrer Qualität begrenzt. Irgendwann wird sich herausstellen, wie Millionen durch diese Filme zu Jesus gekommen sind. Sehen wir daran nicht, wie sich Gottes Denken von unserem unterscheidet? Wir können natürlich nach größeren

Dingen und besseren Filmen streben, aber bis dahin gebraucht Gott Filme, die wir vielleicht nicht gut finden oder sogar ablehnen würden. Geben wir uns nicht viel gesetzlicher und engstirniger als der lebendige Gott? Wer sollte sich Ihrer Meinung nach verändern?

GEMEINDEGEBÄUDE

Viele können nicht begreifen, wie viel Geld in Gemeindegebäude investiert wird, während ringsumher Leute verhungern und in Armut leben. Das damit verbundene Klassensystem des 19. Jahrhunderts ist nicht nur für christliche Sozialrevolutionäre unserer Tage schier unbegreiflich. Ganze Bewegungen wie die Heilsarmee und die Methodisten entstanden zum Teil als Reaktion darauf. Solche Bewegungen haben ihren Glauben auf der ganzen Welt verbreitet. Im heutigen Indien und Pakistan finden sich große Gebäude, die oftmals im Zuge von Rechtsstreitigkeiten total heruntergekommen sind und heute sehr hässlich aussehen. Doch seien Sie vorsichtig mit der Behauptung, Gott würde unter den Menschen in einigen dieser Gebäude nicht wirken.

Einige der größten jüngeren Gemeindebewegungen unserer Tage haben meiner Meinung nach auch einen ungesunden Hang zu schönen und besonderen Gebäuden. Ich habe damit ein Problem, aber ich denke, dass es für Gott keine wirklich große Rolle spielt. Verstehen Sie, was ich damit sagen will? Manche Leute regen sich richtig auf, wenn manche der alten Gebäude verkauft werden, besonders, wenn daraus eine Moschee werden soll. Ich denke, dass Gott die Menschen und auch die Muslime viel wichtiger sind als das alte Haus. Gott fragt uns eher danach, warum wir nicht in Liebe auf unsere muslimischen Nachbarn zugehen und ihnen das Evangelium bringen. Einige der Kirchen, die geschlossen wurden, waren vorher schon jahrelang geistlich tot, hatten sich schon vor Jahrzehnten von der Wahrheit der Schrift abgewandt. Also was trauern wir eigentlich hinterher?

Sogar in Großbritannien gibt es Tausende neuer Gemeinden und alle möglichen christlichen Gruppen. Das ist für Gott sicherlich viel wichtiger. Man kann auch mal über Kirchengebäude und alle möglichen anderen Gebäude sprechen. Aber Gott leitet unterschiedliche Leute auf unterschiedlichen Wegen, und die jeweilige Kultur ihrer Zeit, die Gemeindekultur eingeschlossen, wird daran nicht viel ändern. Mich regt das manchmal auf, aber Gott lässt sich davon scheinbar nicht aus der Ruhe bringen.

Müssen wir immer recht behalten?

Wie schwer es doch für uns hingegebene, bibeltreue Christen ist, uns zu verändern. Aber wir müssen dazu bereit sein, wenn wir falschgelegen haben. Wie schwer fällt uns das, wenn wir uns in einer bestimmten Theologie eingenistet haben. Aber wenn wir gar keine Veränderung zulassen, bleiben wir geistlich stecken, verlieren unseren Einfluss und oft den Kontakt zur jungen Generation. Ohne Veränderung ist es schwierig, den Dienst und die Vision an die nächste Generation weiterzugeben.

Wenn wir in einer bestimmten Denomination oder Bibelschule gelehrt worden sind, hat uns das sicherlich sehr geprägt. Wir Absolventen meinen vielleicht, unsere jeweilige Lehre sei in Stein gemeißelt. Wir denken manchmal, wir hätten auf alles eine Antwort, auch auf die kniffligsten Fragen des Lebens und der Theologie. Ich halte das für einen großen Fehler. Wir müssen immer weiter lernen und wachsen, und dazu gehört oft, dass wir Fehler eingestehen müssen. An den grundlegenden Dingen des christlichen Glaubens müssen wir festhalten, aber bei vielen Fragen, die unterschiedliche Deutungen zulassen, sollten wir nicht so dogmatisch sein. Wenn wir uns an die biblische Vorgabe halten wollen, den anderen höher zu achten als uns selbst, dann müssen wir meiner Meinung nach ein offenes Ohr für andere und Bereitschaft zur Veränderung haben.

In all den Jahren habe ich sehr viele Leute getroffen, die sich kaum dafür interessierten, dass ich an Jesus glaube und durch seine Gnade gerettet bin. Für sie schien es wichtiger zu sein, ob ich reformiert, charismatisch, Baptist oder sonst was bin. Andere fragen mich, was ich über die Endzeit oder die Juden denke oder welche Bibelübersetzung ich benutze. Ich sage nicht, dass das alles keine Rolle spielt, aber gefällt unser Umgang dem Herrn? Bringt diese Haltung Gott Ehre? Die Ehre Gottes sollte immer unser höchstes Ziel sein. Gibt es Hoffnung für alte Herrschaften wie mich, die nach fast 60 Jahren Studium der Bibel, Bibelauslegungen und auch Theologie bei vielen kontroversen Fragen immer noch nicht sicher sind, wo die Wahrheit liegt? Es gibt so viele Fragen, über die großartige Leiter, die ich schätze und deren Bücher ich gelesen habe, uneins sind.

Mein ganzes Leben lang machte mir die Tatsache zu schaffen, dass viele Theologiestudenten während des Studiums ihren Weg verlassen und nicht mehr glauben, dass die Bibel Gottes Wort ist. An vielen Bibelschulen und Akademien geht der Trend zurück zu den Zwanzigern und Dreißigern, was man manchmal als »liberale Theologie« bezeichnet. Wir können uns gar nicht vorstellen, welche Auswüchse davon wir in Deutschland, in der Schweiz, in den Niederlanden und auch in Sri Lanka, Indien und den USA sehen. Wenn man sich das anschaut, sollten dann nicht diejenigen unter uns, die der Bibel glauben, in Einheit zusammenstehen und sich nicht von so vielen Kleinigkeiten auseinanderbringen lassen? Die »Messiologie« kann uns bestimmt dabei helfen.

Wenn es mehr Demut und weniger Dogmatik-Versessenheit bei kleineren Streitfragen gäbe, dann würden weniger Leute deswegen in den tiefen Sumpf des Unglaubens fallen. Am Ende ist es doch so, dass Leute, die zu dogmatisch sind, selbst ihren Glauben verlieren. Die Geschichte hat das bewiesen, und ich selbst hätte auch so enden können. Worum geht es mir? Um eine Änderung meiner Haltung? Ja. Um größere Demut? Ja. Und eine veränderte Sicht von dem, was Gott von uns erwartet. Sicherlich mehr Frucht des Heiligen Geistes und weniger dogmatische Bemerkungen. Werden wir je die klare Aussage beherzigen, dass wir *nichts* sind ohne *Liebe*? Können wir denen, die anders glauben, besser zuhören und sie wertschätzen, besonders, wenn es grundsätzlich Leute sind, die an die Bibel als Gottes Wort glauben?

Kürzlich hat einer unserer sehr dogmatischen Autoren und Prediger vom alten Schlag die gesamte pfingstliche und charismatische Bewegung verurteilt, die eine der größten Bewegungen in zweitausend Jahren Kirchengeschichte ist. Interessanterweise hat ein anderer Lehrer/Pastor und Theologe ein Buch geschrieben, in dem er ihm widersprach. Ich mag sie beide. Verrückte Welt. Ich denke, dass das zweite Buch näher an der Wahrheit und am Herzen Gottes ist. Es heißt *Holy Fire*[22] und stammt von R. T. Kendall.

Ich habe immer gegen Extreme angeschrieben, und das haben auch viele Pfingstler getan wie Lee Grady vom Magazin *Charisma*. Dieser Teil des Leibes Jesu scheint zumindest verletzlich zu sein. Aber meiner Ansicht nach gehören sie zu den treuesten Bewegungen (mit einer unglaublichen Vielfalt an Denominationen und Gemeinden), wenn es darum geht, die Bibel als Gottes Wort anzunehmen und das Evangelium zu predigen. Deswegen sind zig Millionen durch ihre Bemühungen und Gebete zu Jesus gekommen.

Ja, sie fügen oft noch weitere Lehren hinzu und manche halte ich für falsch. Aber das gilt doch für die meisten Gemeinden und Bewegungen in der Geschichte. Gott in seiner Gnade rettet immer noch Menschen mitten in all dem. Und das ist es, was Gott wirklich am Herzen liegt: Menschen. Während wir unsere verschiedenen Lehren vorantreiben – und darin sind die Pfingstler recht gut –, unterschätzen wir die gewaltige Bedeutung der Rettung. Mir fällt unangenehm auf, dass meine pfingstlichen und charismatischen Freunde, wenn sie angegriffen werden, in dasselbe dogmatische Muster verfallen, wenn die Bibel keine klaren Aussagen macht und über die Männer und Frauen Gottes seit Jahrhunderten uneins sind.

Oft greift eine Gruppe eine andere an, indem sie Horrorgeschichten über beliebte Leute (besonders aus dem Fernsehen) erzählt, die versagt haben und schwer in Sünde gefallen sind. Seit Jahren glaube ich, dass man durch christliche Horrorgeschichten eigentlich nichts beweisen kann, selbst dann nicht, wenn sie in sich stimmig sind. Gott fordert uns auf, mehr über das nachzudenken, was »rein und liebenswert und bewunderungswürdig ist, über Dinge, die Auszeichnung und Lob verdienen« (Philipper 4,8). Eine führende konservative Missionsgesellschaft hatte Mitarbeiter, die wegen Pädophilie verurteilt wurden. Das bricht uns das Herz, aber es sagt noch nichts über den Dienst an sich und den Rest der Leute aus. Erst heute Morgen habe ich David, Saul und Salomo studiert. Wenn Sie Gordon Mac Donalds ausgezeichnetes Buch *Wenn alles zerbricht*[23] lesen, werden Sie feststellen, dass die meisten Heiligen des Alten Testaments solche »Alles-zerbricht-Erfahrungen« gemacht haben. Ja, an vielen Punkten müssen wir standhaft und kompromisslos sein (wie beispielsweise in der Lehre von Gottes Wort), aber lassen Sie uns immer demütig und belehrbar bleiben, bereit für Veränderung, um Jesus ähnlicher zu werden. Sind uns andere Menschen nur deswegen wichtig, weil das zu unseren Aufgaben gehört, oder sind sie uns wirklich wichtig, weil unsere Herzen durch *Gnade* von Grund auf verändert wurden? Das führt mich zu einer weiteren Frage: Sind uns Menschen hauptsächlich dann wichtig, wenn sie zu unserer Organisation gehören, sodass wir uns nach ein paar Jahren kaum mehr an ihre Namen erinnern, wenn sie uns verlassen? Oder verpflichten wir uns, sie zu lieben und für sie da zu sein, egal, wo sie hingehen? Meine Erkundungen haben ergeben, dass viele Menschen sich bald vergessen vorkommen, wenn sie einen Dienst oder eine Organisation verlassen haben. Der Teufel weiß das nur zu gut. Er wird die Person glauben lassen, sie sei von der Organisation nur ausgenutzt worden. Die meisten Leute sagen, sie hätten keine Zeit, um mit so vielen in Kontakt zu bleiben, aber wenn ich mir anschaue, wie die Leute ihre Zeit verschwenden, verschlägt es mir die Sprache. Es ist hart, sich unserer Selbstzentriertheit zu stellen und unserem Mangel an echter dynamischer, vergebender und praktischer Liebe. Ich schreibe das auch für mich selbst, denn ich bin Pilger, Versager und Lehrling.

BEZIEHUNG, EHE, GELD UND EINE MENGE GNADE

Ich war etwa 13 Jahre alt, als Mädchen neben Sport und Geld zum größten Thema meines Lebens wurden. Das erste Mädel, mit dem ich mich traf, wurde meine feste Freundin. Nach dem Tanzunterricht gingen wir gemeinsam in *Quo Vadis*. Dieser Film hatte einen enormen Einfluss auf mein junges Leben. Ungefähr zur selben Zeit setzte Frau Clapp, die gegenüber meiner Schule wohnte, meinen Namen auf ihre *Holy Ghost Hit List*. Sie betete nicht nur dafür, dass ich Christ würde, sondern auch Missionar. Und sie hatte mich nicht einmal um mein Einverständnis gebeten. Ich hatte ganz andere Pläne für mein Leben. Ich war gerade in ein Geschäft eingestiegen und hatte meine Karriere fest im Blick.

Dieses erstaunliche Mädchen namens Lynn hat mich sehr beeinflusst. Sie besuchte eine Baptistengemeinde, während ich keine Ahnung hatte, was das überhaupt war. Ich weiß noch, wie sie mir das Taufbecken zeigte. So etwas Seltsames! Ich lernte ihre Eltern kennen und schätzen und sie alle übten einen guten Einfluss auf mein Leben aus. Lynn und ich gingen zusammen tanzen und küssten uns manchmal wie die Weltmeister, doch weiter gingen wir nicht, wofür ich im Rückblick dankbar bin. Nachdem wir Schluss gemacht hatten, war ich in viele verschiedene Mädels verknallt, und damals begann ich leider auch, langsam in die Welt von Pornografie und Begierde abzurutschen. Zu dieser Zeit trat das Johannesevangelium in mein Leben, das Frau Clapp und ihr Sohn Danny mir zukommen ließen. In meiner halb liberalen reformierten Kirche hatte ich einen gläubigen Sonntagsschullehrer. Der wäre beinahe bei den Zeugen Jehovas gelandet, hat sich aber durch den Radiodienst von Dr. DeHaan bekehrt und prägte mein junges Leben. Nach meiner Bekehrung gewann ich in ihm einen Freund fürs Leben. Sein Name war Fred Gnade. Ich erinnere mich besonders an seine jüngere Schwester Shirley, die in meiner Kindheit in Van Houten Ave, Wyckoff, New Jersey nebenan gewohnt hat. Sie war das erste Mädchen, das ich je küsste. Ich glaube, wir waren sechs Jahre alt.

Jesus Christus, *Madison Square Garden* und Billy Graham und der 3. März 1955 veränderten alles. An diesem Abend wurde ich von Neuem geboren und mein Leben wurde auf den Kopf gestellt. Einiges davon können Sie in der offiziellen Geschichte von OM, *Spiritual Revolution*[24] von Ian Randall, nachlesen.

Ich war neu in der Familie Gottes und sollte bald herausfinden, wie anders sie waren und wie viele Regeln es hier gab. Scheinbar sollte es nun vorbei sein mit küssen und tanzen, doch weil ich nichts darüber in der Bibel fand, machte ich weiter.

Mit 17 hatte ich ein eigenes Auto, einen *Henry J**, was unzweideutig zeigt, wie alt ich geworden bin! Gegen Ende meiner Highschoolzeit hatte ich mich Hals über Kopf in Margo verliebt, ein viel jüngeres Mädchen aus der Episkopalkirche. Gott ging mir mit voller Kraft nach, als ich mich eingehend mit seinem Wort beschäftigte und begann, die Highschool zu evangelisieren, wo ich zum Schülersprecher gewählt worden war. Die Tür zur *National Honour Society*** war

---

* Automodell des US-amerikanischen Unternehmers Henry J. Kaiser, das sehr einfach ausgestattet war, um für jedermann erschwinglich zu sein. [Anmerkung des Verlags]

** USA-weite Organisation, die 1921 gegründet wurde und Schüler für herausragende Leistungen auszeichnet. [Anmerkung des Verlags]

mir wegen meiner Dummheiten und Blödeleien verschlossen gewesen, aber im letzten Jahr veränderte sich mein Leben so sehr, dass ich in diese Gesellschaft aufgenommen wurde, was in diesen Tagen bei uns viel bedeutete. Da beging ich eine große Dummheit. An einem Straßenrand in einer Art Wäldchen hielt ich an und wir begannen herumzuknutschen. Als ich ein bisschen weitergehen wollte, klopfte die Polizei von außen gegen das Fenster. Sie können davon ausgehen, dass ich nicht mehr weiß, was der Officer sagte. In meinem Schrecken fuhr ich das Auto beim Zurücksetzen in einen Graben und kam nicht mehr heraus. Das war der schlimmste Abend meiner Teenagerzeit. Ihr Vater musste uns zu Hilfe eilen. Er schien sich vorher ein paar Drinks gegönnt zu haben und warf mir Dinge vor, die wir nicht getan hatten. Die Beziehung war bald vorbei. Ich hatte deswegen immer ein schlechtes Gewissen, weil ich weiß, dass ich dieses Mädchen verletzt habe. Wir haben uns bald aus den Augen verloren.

Ein weiterer ähnlicher Vorfall auf einem Gemeindeparkplatz beendete die Phase wilder Liebschaften in meinem Leben. Ich bin mir sicher, es lag daran, dass andere für mich beteten. Ich entschied mich für eine radikale Entziehungskur, keine Verabredungen, kein Küssen (höchstens das Kopfkissen). Das ging fast zwei Jahre lang. Das nächste Mädchen, mit dem ich ausging, war Drena, die meine Frau wurde.

Ich hatte mich zum Teil deswegen für das *Maryville College* entschieden, weil es dort jeden Tag nach dem Mittagessen die Möglichkeit gab zu tanzen. Aber für mich sollte es dort weder Tanz noch Verabredungen geben. Dort fand ein großer Teil meines geistlichen Wachstums in den ersten Jahren meines Christseins statt. Ich brannte für Jesus, würden manche sagen. Jede freie Stunde, in der ich nicht studierte, verbrachte ich mit Evangelisation oder Gebet, Bibellesen oder christlichen Veranstaltungen. Auf wundersame Weise kam es dazu, dass ein Baptistenpastor mich in einer Gemeinde auf dem Land predigen ließ. Danach öffnete sich die Tür für einen Dienst im Bezirksgefängnis von Blount County in Tennessee. Diesen Weg verfolgte ich weiter, so dass ich mit 18 Jahren im Staatsgefängnis von Tennessee in Nashville predigen durfte. Großartige Bücher wie *The Passion for Souls*[25] von Oswald Smith und *Durchs Tor der Herrlichkeit*[26] von Elisabeth Elliot und viele weitere kreuzten meinen Weg. In einem Fernkurs lernte ich viel darüber, wie man Menschen zu Jesus führt. Als erwähnter Baptistenpastor mich zu meiner ersten Missionskonferenz nach Chattanooga zu einer Bibelschule namens *Tennessee Tempel* mitnahm, sollte sich mein Leben für immer verändern. Schon vor meiner Bekehrung hatte ich dank der Organisation *Pocket Testament League* das Johannesevangelium gelesen und war zu der Überzeugung gelangt, dass jeder Mensch, egal wo, dieses großartige Buch besitzen sollte. Als »Baby«-Christ rang ich etwa eintausend meiner Mitschüler das Versprechen ab, es zu lesen. Als ich mehr über andere Völker erfuhr, wuchs in meinem Herzen eine Vision für die vielen unerreichten unter ihnen, besonders die muslimischen. Als ich sah, wie dringend Geld benötigt wurde, verkaufte ich alles, was ich konnte, und gab den Erlös in die Weltmission. Ich kellnerte in der Mensa, um mehr geben zu können.

Etwa zur selben Zeit, im Sommer 1957, reisten wir zum ersten Mal nach Mexiko. Ich lernte schnell ein bisschen Spanisch. Was ich dort sah, und ein paar andere Faktoren, führten mich zu der Entscheidung, das geisteswissenschaftliche Studium in Maryville abzubrechen und auf das *Moody Bible Institute* in Chicago zu wechseln. Es war mein Wunsch, in New York zu evangelisieren. Einen Vorgeschmack bekam ich schon, als ich in meiner Umgebung Tausende von Traktaten in der U-Bahn in der Großstadt verteilte. Danach engagierte ich mich im Sommer 1957 für die berühmten Evangelisationsveranstaltungen von Billy Graham, kurz bevor wir uns nach Mexiko aufmachten. Ich predigte sogar auf der Straße.

Es war sehr einschneidend, an einen Ort wie *Moody* zu kommen, besonders wegen der vielen attraktiven Mädchen. Ich habe mich wohl in der ersten Woche in einige verknallt, doch zog ich meine Entziehungskur durch und ging keine Beziehungen ein. Im Rückblick frage ich mich, ob sie mich wohl mit ihrer schweren *King-James*-Bibel geschlagen hätten, wenn ich versucht hätte, eine zu küssen. *Moody* hatte natürlich ein Regelwerk und es schien für alles strenge Regeln zu geben.

Meine Leidenschaft für Evangelisation führte mich in den siebten oder achten Stock in das Büro des wissenschaftlichen Instituts von *Moody*, wo ich einen Film abholen wollte. Es war der Tag, der mein Leben verändern sollte. Drena saß hinter dem Schreibtisch; es war ihr Büro. Als ich sie sah, verliebte ich mich bis über beide Ohren. Ich brach mit meiner Zurückhaltung und machte mich daran, ihr Herz zu erobern. Für mich war es Liebe auf den ersten Blick. Schnell hatte ich die erste dumme Bemerkung gemacht und für sie war es eher Schrecken auf den ersten Blick. Nichts passierte, aber sie willigte ein, sich mit mir zu treffen. Bei dieser Verabredung sagte ich ihr: »Okay, wahrscheinlich wird zwischen mir und dir nichts laufen, aber mal angenommen, es passiert doch irgendwas, sagen wir Heirat oder so, dann musst du wissen, dass ich Missionar werde und du wahrscheinlich von den Kannibalen in Neuguinea verspeist wirst.« Wie sie schließlich meine Frau wurde, ist eine lange Geschichte. Wir verbrachten zusammen einen schwierigen Sommer in Mexiko-Stadt und ich ließ sie zurück, als wir ans *Moody* zurückkehrten. Mein bester Freund in Mexiko verliebte sich in der Zwischenzeit in sie und rief mich an, um zu fragen, ob das in Ordnung sei. Selten habe ich so gefastet und gebetet. Nachdem ich mit Drena telefoniert hatte, trat sie schon bald die lange Busreise zurück nach Chicago an.

Bei all dem wurde mir mein Mangel an tätiger Liebe und an Fingerspitzengefühl klar. Drena entdeckte sich selbst und ihre tiefen emotionalen Bedürfnisse. Unsere Verlobung hätte vielleicht keinen Bestand gehabt, wenn sie nicht in ihrem stillen Kämmerlein eine tiefe Begegnung mit Jesus gehabt und verstanden hätte, dass er allein genügt. Damals wurde sie auch von einigen körperlichen Leiden geheilt, die sie lange geplagt hatten.

Wir werden niemals diesen großen Tag vergessen, unseren Hochzeitstag am 31. Januar 1960. Wir machten nichts Ausgefallenes. Man muss wissen, dass Drenas Stiefvater Henry kein Christ war. Wir werden Gott immer dankbar dafür sein, dass er sich viele Jahre später zu Jesus bekehrte. Unsere Trauung fand am Sonntag gleich nach dem Morgengottesdienst der *Lake Drive Baptist Church* statt. Sie hatten kein eigenes Gebäude, also heirateten wir in einer Schulaula. Walter Borchard war mein bester Mitarbeiter. Eine Busladung voller Freunde kam aus Chicago, die meisten von ihnen Studenten am *Moody*. Dale predigte bei der Feier im Anschluss und erklärte den Gästen, dass wir Gebet am nötigsten hätten, da wir vermutlich all unsere Geschenke für die Weltmission verkaufen würden. Ich wünschte, wir hätten die alte Tonbandaufnahme dieser Predigt nicht verloren.

Welche hilfreichen Erkenntnisse können wir aus 55 Jahren Ehe weitergeben? Etwa 1970 war ich drauf und dran, ein Buch über die Ehe zu schreiben. Der Titel stand schon fest, *The Revolutionary Marriage* (Die revolutionäre Ehe), und ich hatte sogar schon ein Konzept. Aber in Wahrheit musste ich noch zu viel darüber lernen, wie ich unsere eigene Ehe zum Laufen bringen konnte, bevor ich darüber schrieb.

Einige der Lektionen, die ich in der Zwischenzeit gelernt habe, möchte ich Ihnen nicht vorenthalten:

1. Auf die Bibel gegründet. Jesus stets in den Mittelpunkt zu stellen, wurde zum eigentlichen Fundament unserer Ehe. Es war eine ziemliche Herausforderung, in Mexiko-Stadt auf dem gleichen Stock wie unser Buchladen zu leben, und ich sollte schnell begreifen, dass Ehe tatsächlich Gottes Promotionskurs in Heiligung war. Wir lasen in einem Kapitel aus *Das neue Erwachen* von Roy Hession über Erweckung zu Hause und im Alltag und lernten eine Menge darüber, was es heißt, zerbrochen zu sein und ein demütiges und geisterfülltes, gekreuzigtes Leben zu führen. In all den Jahren entdeckte

ich immer und immer wieder, dass ich genau die richtige Person als Lebenspartnerin hatte. Durch Gottes Gnade sind wir einander absolut treu gewesen, ein Wesenszug, über den heutzutage viele zu lachen scheinen. Doch die Bibel zeigt uns keinen anderen Weg. Wenn Sie die Tatsache in den Mittelpunkt rücken, dass die Menschen um Sie herum verloren sind und mit Gottes Liebe erreicht werden müssen, wird Sie das jeden Tag neu prägen.

2. Die Revolution der Liebe ist unser Thema. Darüber schreiben und predigen wir. Das wollen wir auf der Grundlage von 1. Korinther 13 und anderen Bibelstellen praktisch umsetzen. Und das ist einer der wichtigsten Aspekte unserer Ehe. Ich neigte besonders dazu, zu radikal zu reagieren und nicht feinfühlig zu sein. Gott hatte viel an mir zu arbeiten und zu zerbrechen. Ungeduld gehörte immer zu meinen Problemen. Mein Hass auf die Sünde und jede Form von Stolz half mir, mich zu demütigen und schnell umzukehren. Das Wunder der Gnade, das mich am Beginn meines Weges von meinem Zorn befreite, spielte eine wesentliche Rolle auf unserem gemeinsamen Weg und für mich als Leiter von OM. Und wenn ich doch wieder einmal versage, warte ich nicht lange, um meine Schuld zu bekennen. Bis heute tut es mir jedes Mal leid, wenn ich meine Frau und später meine eigenen Kinder mit einem Zornausbruch und einem lieblosen Wort verletze. Ein wichtiger Schritt für uns war der Umzug von Spanien, wo unser erster Sohn Benjamin geboren wurde, nach Großbritannien. In dieser Zeit las ich ein wichtiges Buch von Billy Graham, das mich Demut lehrte und für das ich dem Herrn sehr dankbar bin: *Jesus bricht Ketten*. Soweit ich mich erinnere, enthielt es sieben Radiobotschaften. Als junger Christ las ich regelmäßig Billy Grahams Radiopredigten. Viele seiner Bücher wie *Frieden mit Gott*[27] und *Das Geheimnis des Glücks*[28] waren grundlegende Schlüssel für mein Leben.
3. Durch unser Verlangen, Menschen vor Ort und weltweit mit Gottes Wort zu erreichen, und durch den Start einer ganz neuen Mis-

sionsbewegung waren wir finanziell ständig Druck und Herausforderungen ausgesetzt. Das löste in mir einen Extremismus aus, den Gott einerseits zu gebrauchen schien, der aber andererseits auch manche Leute, darunter meine eigene Frau, verunsicherte. Ich stützte mich auf Lukas 14,33: *Genauso kann auch niemand mein Jünger sein, ohne alles für mich aufzugeben.* Diese Aufforderung hatte uns schon dazu gebracht, beinahe unseren gesamten Besitz zu verkaufen, einem Beispiel, dem andere ebenfalls folgten. Doch manchmal kritisierten wir diejenigen scharf, die unserer Meinung nach ihr Geld verschwendeten. Wir brauchten den Ausgleich durch Philipper 4,19. Langsam wurde uns klar, dass selbst wirklich gute Ziele eine dunkle Seite haben können. In unserer schwarz-weißen Welt wurden und werden zunehmend Grautöne sichtbar. Verstehen Sie nun, warum die letzten Verse aus Römer 11 so wichtig für uns geworden sind?

Wie wunderbar ist doch Gott! Wie unermesslich sind seine Reichtümer, wie tief seine Weisheit und seine Erkenntnis! Unmöglich ist es uns, seine Entscheidungen und Wege zu begreifen! Denn wer kann wissen, was der Herr denkt? Wer kann sein Ratgeber sein? Und wer hat Gott jemals so viel gegeben, dass Gott ihm etwas zurückerstatten müsste? Denn alles kommt von ihm; alles besteht durch seine Macht und ist zu seiner Herrlichkeit bestimmt. Ihm gehört die Ehre in Ewigkeit! Amen.

Römer 11,33-36

1. Unser größtes Fragezeichen auf unserem Weg als Ehepaar waren die vielen unbeantworteten Gebete, auch in Bereichen, über die wir nur ungern sprechen. Immer wieder überkam uns große Mutlosigkeit; oft waren wir sehr enttäuscht. In den Jahren, die wir mit drei Kindern in Indien verbrachten – die Jahre in Kathmandu, Nepal und dann auf dem Schiff *Logos* –, hatten wir ausreichend

Gelegenheit, zusammen zu lernen und in unserer Persönlichkeit zu wachsen. Ich erlebte Drenas Hilfe und Bestätigung in allem und sie hat sich nur sehr selten beklagt, sogar mitten im Eifer des Gefechts.

2. Mitte der Siebzigerjahre wurde Drena von Depressionen heimgesucht, was für uns alle überraschend kam. Eine Frau konfrontierte mich in dieser Zeit damit, dass ich wahrscheinlich Teil des Problems war. Gott schenkte mir schmerzhaftes Einsehen und zeigte mir, was ich in meinem Leben und Verhalten als Ehemann und Vater verändern musste. Nach einem Jahr hatte Drena diese dunkle Zeit überwunden und litt seitdem nie wieder unter Depressionen. Die verkürzten Antworten einiger Christen und sogar Bücher auf diese vielschichtige Erkrankung machten uns traurig. Ich denke, dass mehr Menschen und der gesamte Leib Jesu durch extreme Heilungslehren (und ich glaube, dass Gott heilt) verletzt worden sind, als wir uns vorstellen können. Eine Gemeinde in den USA, die mit ihrer strikten Ablehnung von Ärzten bis zum Äußersten gegangen ist, hat ihren eigenen Friedhof. Vor 25 Jahren waren dort schon 70 Menschen begraben, die meisten von ihnen Kinder.
3. Der Umgang mit Kritik ist ein wichtiges Thema in der Leiterschaft. Ich hatte manchmal meine Schwierigkeiten damit und fühlte mich persönlich verletzt. Bezüglich unserer Ehe oder meiner Frau habe ich nicht viel Kritik gehört, aber das, was wir gehört haben, oft aus zweiter Hand, war nicht einfach für uns. Ihre Leiterschaft und Ihr Weg mit Gott werden auf eine harte Probe gestellt, wenn Ihre Ehe kritisiert wird. Ich bin davon überzeugt, dass wir durch Gottes Gnade den schlimmsten Tratsch überhaupt nicht zu hören bekommen, besonders wenn wir uns mit ganzem Einsatz für Weltmission einsetzen. Für mich war es ein großer Segen, immer von treuen Leuten wie Dale Rhoton, Peter Maiden und anderen umgeben zu sein, die mich oft in Schutz genommen haben. Es ist viel härter für Leiter, die solche treuen Freunde und Mitarbeiter nicht haben.

4. Im Rückblick habe ich sehr viel durch meine Kritiker und engen Freunde gelernt, die mich offen auf Dinge angesprochen haben, die ihnen in meinem Leben oder Dienst auffielen und die verändert werden mussten. Gott zeigte uns durch sein Wort und durch Bücher, dass ohne Kritik nichts funktioniert. Wir haben immer versucht, unsere Kritiker zu lieben und Gott für sie um Segen zu bitten. Die Wucht übler Nachrede traf uns nie unvorbereitet. Wir können sagen, dass wir meistens froh und erfüllt waren und es immer noch sind, gerade jetzt als Senioren, wenn sich viel verändert, besonders gesundheitlich. Wir sind glücklich, so viele Leute zu haben, die für uns beten. Einige von Ihnen, die das jetzt lesen, gehören dazu. Wir danken Ihnen von ganzem Herzen und hoffen, Sie beten weiter.
5. Ausgewogenheit wurde zu einem der wichtigsten Wörter in unserem Leben. Ausgewogenheit zwischen Arbeit und Familie. Ausgewogenheit zwischen Verdienen und Ausgeben. Ausgewogenheit zwischen Geben und Nehmen. Ausgewogenheit zwischen dem Gehen der Extrameile, um mehr Menschen mit dem Evangelium zu erreichen, und Auszeiten, um Zeit und Spaß mit der Familie zu haben. In meiner alten Bibel hatte ich ein paar Listen, die mir halfen, ausgewogen zu leben. Eines meiner Bücher trug ursprünglich den Titel *Die Revolution der Liebe und Ausgewogenheit.*
6. Kinder und Enkel helfen einem immer, sein Leben zu verändern. Wir sind Gott dankbar für unsere drei Kinder und fünf Enkel. Im Moment folgen sie nicht alle dem Herrn nach, doch wir lieben sie und sind bemüht, bestmögliche Eltern und jetzt Großeltern für sie zu sein. Wir verbringen wunderbare, begeisternde Zeiten zusammen, darunter auch Ausflüge und Urlaubsreisen. Um ehrlich zu sein, ist uns unser Versagen sehr bewusst, und wir durchschauen, was ich heute als »unrealistischen, zerstörerischen Idealismus« bezeichnen würde. Wenn man sich so hohe Ziele setzt, wie wir das gemacht haben, wird man versagen, auch wenn manche Nichtchristen es nicht so scharf beurteilen würden. Deswegen sind Bücher

wie *Gnade ist nicht nur ein Wort*[29] von Philip Yancey und *Zeit der Gnade* von Charles Swindoll so wichtig für uns. Frischen Wind brachte auch *Größer als dein Herz*[30] von Brennan Manning, der 2013 zum Herrn gegangen ist. Besonders in dieser Anfangszeit hatte Gesetzlichkeit in unserem Dienst und auch unserem Zuhause Einzug gehalten und Schaden angerichtet. Jetzt müssen wir uns an 1. Petrus 5,7 halten, unsere Sorgen auf ihn werfen und seine Vergebung annehmen. Ohne radikale Vergebung wird radikale Nachfolge nicht funktionieren.

FEHLER HABEN FOLGEN

Ich verdanke meinen Eltern sehr viel: In meiner Kindheit kannten sie Jesus zwar nicht persönlich, aber viele christliche Werte waren ihnen wichtig und sie brachten uns bei, Richtig und Falsch zu unterscheiden. Sie lehrten mich, auch schon als Kind hart zu arbeiten, was zu einer entscheidenden Grundlage meines Lebens wurde, noch bevor ich mich für Jesus entschied. In der Schule, im Sport und bei den Pfadfindern hart zu arbeiten, war für mich eine unschätzbar große Hilfe. Die Pfadfinder schickten mich auf einen Leiterschaftskurs für Fortgeschrittene, als ich noch sehr jung war. Denken Sie nicht, der lebendige Gott wollte mich auf etwas vorbereiten, das ich mir selbst nicht hätte träumen lassen?

Ich merkte schnell, dass Fehler Folgen haben und einen in verschiedenste Schwierigkeiten bringen können. Als kleiner Junge balancierte ich einen Groschen auf meiner Nase, was sich als Fehler herausstellte, weil ich ihn im weiteren Verlauf verschluckte. Meine Mutter bestand darauf, dass ich jedes Mal von der Schule nach Hause kam, wenn ich auf die Toilette musste. Die nach Washington benannte Grundschule lag neben unserem Haus in der Van Houten Avenue Nummer 243 in Wyckoff, New Jersey. So brachten wir den Groschen wieder ans Licht. Ich beging einen weiteren Fehler in der Wintersaison auf einem zugefrorenen See und brach durch das Eis. Jemand packte mich und zog mich wieder heraus. Wir wissen von anderen, die denselben Fehler gemacht und dadurch ihr Leben verloren haben.

Mein ganzes Leben lang und besonders seit meiner Bekehrung zu Jesus war ich ein begeisterter Leser. Ich habe unter anderem Bücher, Zeitungen, Zeitschriften, Artikel und heutzutage unzählige E-Mail-Anhänge gelesen, was mir hilft, dieses Buch zu schreiben. Auch die vielen Filme und DVDs, besonders Dokumentationen, waren eine große Hilfe. Kein Buch war wichtiger als die Bibel, von der ich glaube, dass sie Gottes Wort ist. Die Bibel ist voller Geschichten von großen Erfolgen und großen Niederlagen. Von beiden müssen wir lernen.

Mir scheint, dass alle Bücher letztlich von Fehlern handeln, die Menschen begangen haben. Ich halte es für wichtig, dass wir als Nachfolger von Jesus nicht dem Trugschluss aufsitzen, jeder Fehler sei eine Sünde. Fehler haben vielleicht ihren Ursprung in der gefallenen Schöpfung, aber es sind nicht immer gleich Sünden, die sofort bekannt werden müssen. Satan gebraucht gern unsere Fehler, um uns zu entmutigen oder Selbstzweifel aufkommen zu lassen. Wenn wir Entmutigung und Selbstzweifel zulassen, öffnen wir damit die Tür für Sünde oder falsche Haltungen und Handlungen und geraten so in größere geistliche Schwierigkeiten. Also lernen wir die wichtige Lektion: Wenn wir einen Fehler machen, müssen wir den Rückwärtsgang einlegen, nach einem Plan B Ausschau halten und wieder durchstarten. Wir könnten uns alle dabei durch das Buch *Second Choice*[31] von Viv Thomas helfen lassen.

Die Geschichte lehrt uns den Dominoeffekt von Fehlern, wie ein Fehler zum nächsten führt. Wir verloren unser erstes Schiff, die *Logos* (und Gott sei Dank für die 17 Jahre, in denen das Schiff einen unsagbar wichtigen Dienst erfüllte und zeitweise unserer ganzen Familie ein Zuhause war), wegen irgendwelcher Felsen unter Wasser im Beagle-Kanal ganz im Süden von Chile und Argentinien. Die Untersuchungen haben ergeben, dass eine Reihe von Fehlern verschiedener Leute zu diesem verhängnisvollen Tag 1988 geführt hat. Gott war gnädig und es kam niemand dabei um. Außerdem gebrauchte er die Öffentlichkeit, die durch die nationalen Medien erzeugt wurde, besonders in Großbritannien. So bekamen wir Spenden und Personal für ein viel besseres Schiff, die *Logos II* und später die *Logos Hope*. Von den schrecklichen Autounfällen in diesen 56 Jahren, die alle durch – Sie ahnen es – *Fehler* verursacht wurden, will ich gar nicht erst sprechen.

Die Geschichte zeigt außerdem, dass jeder Mensch Fehler macht, und natürlich gilt: *Je weniger Fehler, desto besser.* Wir dürfen uns von unserem Glauben an die Souveränität Gottes oder von dem, was ich Messiologie nenne, nicht von dem vernünftigen Ziel abbringen lassen, richtig zu handeln und so wenig Fehler wie möglich zu machen. Ich wünschte, man hätte mich in der Bibelschule irgendwie darauf vorbereitet, wie hart das Leben eigentlich ist und wie viele Probleme und Schwierigkeiten uns allen begegnen würden. Wir müssen noch mal Jakobus 1 und 1. Petrus 1 und viele andere Stellen lesen und studieren. Ich hatte keine Ahnung, wie schwer es für viele Leute ist, allein nur das Geld für Lebensmittel aufzubringen, und wie viel Disziplin und harte Arbeit es erfordert.

> Liebe Brüder, wenn in schwierigen Situationen euer Glaube geprüft wird, dann freut euch darüber. Denn wenn ihr euch darin bewährt, wächst eure Geduld. Und durch die Geduld werdet ihr bis zum Ende durchhalten, denn dann wird euer Glaube zur vollen Reife gelangen und vollkommen sein und nichts wird euch fehlen. Wenn jemand unter euch Weisheit braucht, weil er wissen will, wie er nach Gottes Willen handeln soll, dann kann er Gott einfach darum bitten. Und Gott, der gerne hilft, wird ihm bestimmt antworten, ohne ihm Vorwürfe zu machen.
>
> *Jakobus 1,2-5*

Anscheinend haben wir in unserem Dienst, OM eingeschlossen, Gebet, Glaube und geistliches Leben überbetont und damit den falschen

Eindruck vermittelt, dass alles schon irgendwie gut werden wird, wenn wir in diesen Bereichen gut aufgestellt sind. Wenn ich jetzt auf 60 Jahre Christsein zurückschaue, kann ich sagen, dass für viele Menschen, deren Lebenslauf ich in diesen Jahren verfolgen konnte, *eben nicht alles gut* geworden ist. Es gibt durchaus einige, die nach all dem Glauben, Gebet und evangelistischem Leben bei OM nach Hause zurückgekehrt sind und keinen Job gefunden haben. Manche Ehen von Leuten, die sich bei OM kennengelernt hatten, wurden wieder geschieden, oft deswegen, weil sie viele der Probleme nicht bedacht hatten, die in der Zukunft auf sie zukommen würden. Fügen Sie dem noch ein paar weitere beliebte Fehler hinzu und Sie bekommen ein Rezept für Ärger, oft richtig großen Ärger. Viele waren nicht erfolgreich in ihrem Dienst oder ihrem Job oder sogar in ihrer Ehe. Ich begegne ständig solchen Leuten und versuche, radikale Gnade weiterzugeben. Ich sage dann: »Wenn Sie versagt und Plan A verpasst haben, dann preisen Sie den Herrn dafür, dass Plan B genauso gut ist.« Manche haben viele Fehler gemacht und viele Niederlagen erlebt. Sie fühlen sich, als seien sie schon bei Plan H oder M angelangt. Da kann ich nur sagen: »Preis den Herrn für ein großes Alphabet!« Meistens lachen die Leute an diesem Punkt, aber eigentlich ist es nicht lustig. Diese Fehler hätten vermieden werden können. Wir hätten uns selbst und anderen eine Menge Ärger ersparen können. Wir müssen uns vor jeder Art von Schicksalsglauben in Acht nehmen. Und wir müssen die Lehren der Bibel in allen geistlichen und praktischen Fragen ernst nehmen. Wofür haben wir denn sonst das Buch der Sprüche?

Sünde ist in vielerlei Hinsicht etwas Ernsteres, aber oft sind unsere Fehler auch mit Sünden oder schlichtweg Dummheit verknüpft. Oder, um es netter auszudrücken, mit Mangel an Weisheit und Unterscheidung. Ich habe unter anderem deswegen so viel gelesen, weil ich aus den Fehlern und dem Versagen von anderen lernen wollte. Insgesamt habe ich in meinem Leben Tausende solcher Geschichten gelesen.

Wie können wir Fehler vermeiden?

1. Lassen Sie sich vom Wort Gottes durchdringen und nehmen Sie sich Zeit zum Beten und dem Leben mit Gott. Darüber habe ich in all meinen anderen Büchern geschrieben, die ich Ihnen gerne kostenlos zusende.
2. Lernen Sie, sich in jedem Bereich Ihres Lebens zu disziplinieren – Hüten Sie sich bei jedem Schritt vor Gesetzlichkeit.
3. Gewöhnen Sie sich an, eifrig zu lesen und zu studieren. Legen Sie sich ein System zurecht, um wichtige Informationen zu behalten.
4. Gewöhnen Sie sich an, Dinge aufzuschreiben. Schreiben Sie sich vor einer Reise eine Liste mit Dingen, die Sie nicht vergessen dürfen. Moderne Telefone und andere Geräte können hilfreich sein, aber es erfordert immer noch Disziplin.
5. Planen Sie voraus und überschlagen Sie die Kosten, wozu wir in den letzten Versen von Lukas 14 angehalten werden. Über dieses wichtige Konzept könnte ich ein ganzes Kapitel schreiben. Einige der größten Fehlentscheidungen, denen ich begegnete, hatten damit zu tun. Immer wieder kommen Menschen auf mich zu und erzählen mir von ihren großen Visionen und Träumen, doch viele haben sich nie umsetzen lassen oder waren nur von kurzer Dauer. Oft hatten die Leute die Kosten nicht überschlagen oder waren nicht bereit, den Preis dafür zu bezahlen.
6. Wenn Sie Zeit haben, denken Sie über die Vor- und Nachteile eines bestimmten Schrittes oder eines Vorhabens nach.
7. Suchen Sie sich Rat. Wie so viele Dinge im Leben hat auch das eine Schattenseite, denn Sie könnten einen falschen Rat bekommen. Hüten Sie sich vor persönlichen Prophetien.
8. Planen Sie so weit wie möglich voraus. Überprüfen Sie alle Zeiten und Daten und planen Sie Verzögerungen und Planänderungen mit ein. Halten Sie einen Plan B bereit. Wenn ich mit dem Zug

fahre, nehme ich einen früheren als den, der mich nur gerade rechtzeitig ans Ziel bringen würde.

9. Viele Fehler begehen wir, wenn wir unterwegs sind. Wir müssen lernen, unsere Reisen professionell zu planen und zu gestalten, und auch hier aus unseren Fehlern und den Fehlern anderer lernen. Einmal war ich allein am Frankfurter Hauptbahnhof und habe für weniger als eine Minute meinen Aktenkoffer aus den Augen gelassen. Da war er weg und ward nicht mehr gesehen. Zum Glück hatten sie nicht meinen Laptop und nicht zu viele Wertsachen. Behalten Sie Ihre Wertsachen möglichst immer bei sich. Wie wäre es mit einem Geldgürtel oder einer Art Bauchtasche? Leider muss man anmerken, dass das Leben an diesem Punkt für Frauen komplizierter ist als für Männer. Ich überlasse den Frauen, darüber zu schreiben. Stellen Sie sicher, dass Sie Kopien von Ihren Kreditkarten, Passdokumenten und so weiter bei sich haben.
10. Wir alle haben schon mal etwas Wertvolles liegen gelassen. Früher oder später sollten wir eine Strategie entwickeln, es zu vermeiden. Wenn Sie zum Beispiel einen Raum verlassen, überprüfen Sie noch mal, ob Sie wirklich nichts haben liegen lassen. Schauen Sie dabei besonders auf die Steckdosen, um sicherzustellen, dass kein Telefon oder Ladegerät mehr angeschlossen ist. Wenn es die Möglichkeit gibt, es zu zweit zu tun, umso besser. Achten Sie aufeinander und lernen Sie voneinander. Begraben Sie Ihren Stolz und lernen Sie Demut, sodass Sie Schwächen schnell eingestehen können.
11. Legen Sie sich Sicherungskopien all Ihrer Adressen und Telefonnummern an. Überlegen Sie sich ein Ordnungssystem. Die Ordner auf meinem Laptop sind zu einem wesentlichen Teil meines Lebens geworden. Was für ein großartiges Werkzeug für Gottes Reich! Ich habe zur Sicherheit ein kleines schwarzes Büchlein mit Telefonnummern, und Sie können sich nicht vorstellen, wie oft das gebraucht wird. Wenn wir Leute wirklich lieben und sie ermutigen wollen, dann werden wir die zweite Meile gehen, um

ihre Kontaktdaten nicht zu verlieren. *Organisieren, organisieren, organisieren!* Gordon MacDonalds Buch *Ordne dein Leben*[32] hat vielen geholfen. Wenn Sie sich etwas umsehen, werden Sie viele praktische Ratschläge für nahezu jeden Lebensbereich finden. Es wäre ein großer Fehler, nicht davon zu lernen.

12. Beachten Sie Warnhinweise des Heiligen Geistes. Ich kannte einen wunderbaren Missionar, der eine Bergwanderung in Großbritannien machte. Aber er hatte keine geeigneten Schuhe an. Er lief zu nahe am Abgrund, rutschte aus und stürzte in den Tod. Ich werde nie vergessen, wie ich am nächsten Tag den Anruf mit der Nachricht über den Tod des lieben Freundes bekam. Die Frau eines anderen befreundeten Missionars rutschte an einem Berghang aus und starb bei dem Absturz. Ich könnte noch einige Hundert Geschichten erzählen. Dann würden Sie besser verstehen, warum ich mir die Zeit nehme, dieses Buch und vor allem dieses Kapitel zu schreiben. Wenn die Leute sich zu Herzen nehmen, was ich hier schreibe, bin ich überzeugt, dass ich Leben retten werde, und das ist mein Anliegen.

Sie können sich Ihre eigene Liste zusammenstellen; ich sollte hier aufhören. Vielleicht denken Sie, das sei nicht so wichtig im Vergleich mit den geistlichen Botschaften über das Leben in Christus und Jüngerschaft. Aber dass wir das sogenannte Geistliche vom Praktischen trennen, ist ein großer Fehler in unserem Denken. Wir müssen das alles unter der Kraft und Leitung des Heiligen Geistes zusammenführen. Wir sind zum Bilde Gottes geschaffen. Wir haben einen freien Willen und auf der menschlichen Ebene können wir unser Schicksal selbst entscheiden. In jeder Stunde an jedem Tag entscheiden Sie, was Sie tun werden, wohin Sie gehen und wie Sie sich verhalten werden. Wir müssen in jedem Bereich unseres Lebens wachsen und reifen. Auch in meinem Alter hat man noch nicht ausgelernt.

Jede große biblische Wahrheit und Lehre müssen wir in verschiedenen Abschnitten unseres Lebens noch mal neu durchbuchstabieren. Wir sollten nicht nur gut leben, sondern auch lernen und bereit sein, gut zu sterben. Wenn wir älter werden, müssen wir vor Altersvergesslichkeit auf der Hut sein. In unserer heutigen Kultur ist dieses Phänomen leider in jeder Altersgruppe zu beobachten.

Ich beende dieses Kapitel mit den großartigen Worten aus Jakobus 1,22:

> Aber es reicht nicht, nur auf die Botschaft zu hören – ihr müsst auch danach handeln! Sonst betrügt ihr euch nur selbst.

Ich kann jedem empfehlen, den Jakobusbrief eingehend zu studieren.

DIE LEITER, DIE GOTT GEBRAUCHT

Ich schreibe dieses Kapitel an einem besonderen Ort namens The Hookses an der Westküste von Wales. Hier hat einer der großen christlichen Leiter des 20. Jahrhunderts, Dr. John Stott, viele seiner Schriften verfasst. Er war mir ein guter Freund. Seine Bücher haben bis heute weltweiten Einfluss. Ich hoffe, dass Sie viele davon lesen werden. Es ist schade, dass bestimmte Leute, besonders in den USA, negativ reagieren, wenn Johns Name fällt. Sie unterstellen ihm, er habe behauptet, es gebe keine Hölle und schon gar keine ewige Bestrafung, was jedoch überhaupt nicht stimmt. Er glaubte, dass Menschen ohne Jesus verloren sind. Ich habe persönlich mit ihm darüber gesprochen. Eines seiner Bücher war als direkte Antwort auf schwierige Fragen einiger liberaler Theologen gedacht. Darin schrieb er auch von der Möglichkeit einer Form von *Annihilation**, über die wir auch persönlich sprachen. Viele große Männer und Frauen Gottes hatten mit der Frage zu kämpfen, wie genau man sich die Hölle vorzustellen hat. Ich weiß noch, wie Billy Graham einmal sagte, letztlich bestehe die Hölle hauptsächlich in der Trennung von Gott.

---

* Annihilationismus (von lateinisch annihilatio, deutsch: Vernichtung, Aufhebung) ist eine Lehre, die besagt, dass die Seelen der Menschen, die nicht gerettet werden, nach dem Tod aufhören zu existieren. [Anmerkung des Verlags]

Seit meiner Bekehrung habe ich jeden Tag versucht, mein ganzes Leben im Licht dieser Wahrheit zu leben, die ich immer noch nicht ganz verstehe. Es hat mir geholfen, über die Gerechtigkeit Gottes nachzudenken. Die Lehre von der Allerlösung hat mehr Anhänger als je zuvor, aber John Scott gehörte nicht zu ihnen. Das ist sicher einer der Gründe, warum er sich so entschlossen der Weltmission widmete. Ich habe ihn in einer wunderbaren Missionspredigt sagen hören, dass einer der größten Kämpfe der Gemeinde heutzutage der Absolutheitsanspruch des Evangeliums sei: »Jesus ist der Weg und die Wahrheit und das Leben und niemand kommt zum Vater außer durch ihn« (Johannes 14,6).

Damit kommen wir zur Hauptstoßrichtung dieses Kapitels. Es ist ein Plädoyer für die Sichtweise, dass Gott sehr unterschiedliche Männer und Frauen als Leiter gebraucht. Können Sie sich vorstellen, wie viele Führungspersönlichkeiten ich kennengelernt und in wie vielen Gemeinden ich gepredigt habe? Dazu kommen noch die verschiedensten Leiter, denen ich in Missionswerken und anderen Organisationen begegnet bin. Ja, es waren Tausende, und ja, ich habe Tausende von Predigten gehört, viele davon auf Kassette oder anderen Tonträgern. Darüber hinaus habe ich über die wichtigsten Leiter in der Bibel gelesen.

Es gibt viele verschiedene Bücher über Leiterschaft und unzählige Autobiografien und Biografien von Männern und Frauen Gottes – seit dem Anbeginn der Zeiten. Ich habe viele gelesen und rezensiert und noch mehr überflogen. Neuerscheinungen gibt es in immer kürzeren Abständen. Es gehört zu den wichtigsten Bestandteilen meines eigenen Dienstes, vor Leitern zu sprechen und hervorragendes Material über Leiterschaft zu verkaufen. Meine beiden derzeitigen Lieblingsbücher sind *Verantwortung – Leitung – Dienst*[33] von Oswald Sanders, das in mehreren Sprachen erschienen ist, und *Mit Liebe leiten*[34] von Alex Strauch.

Ich habe meinen Standpunkt sehr deutlich dargelegt in *Grace Awakened Leadership*, das zwei Schlüsselkapitel aus meinem Buch *Mobil für die Mission*[35] enthält.

Wenn Sie meine Ansichten über Messiologie nicht teilen, werden Sie wahrscheinlich auch hier nicht mit mir übereinstimmen. Ich bin fest davon überzeugt, dass Gott mächtig durch ein großes Spektrum unterschiedlicher Leiter und Leiterschaftsmodelle wirkt.

Manche Bücher und Lehrer stellen sehr hohe Ansprüche an Leiterschaft, und manche sind so dogmatisch, dass sie Modelle, die nicht ihren Vorstellungen entsprechen, verurteilen oder gering schätzen. Ich möchte die Leute vor diesem zerstörerischen Idealismus warnen, der den Faktor radikaler Gnade übersieht und Menschen letztlich entmutigt, verwirrt oder sogar völlig ausgebrannt zurücklässt.

Die Geschichte lehrt etwas anderes. Alle möglichen Modelle von Leiterschaft und Leitungsteams hat Gott vollmächtig gebraucht, um zu segnen, zu Jüngern zu machen, zu lehren und Zigmillionen Menschen auf der ganzen Welt zu Jesus zu bringen. Wir haben einen großen Anteil am Vertrieb des Buches *Learning to lead*[36] von Chua Wee Hian. Wir haben auch jahrzehntelang beobachtet, wie er eine bedeutende Gemeinde in London gründete und leitete, nachdem er internationaler Leiter der Studentenbewegung IFES* gewesen war. Sein Buch bildet zusammen mit *Servant Leadership for Slow Learners*[37] von David Lundy eine einzigartige Kombination. Ich habe festgestellt, dass viele Leiter, die eigentlich fast alles erreicht haben, diesem Modell nicht gefolgt sind. Meist waren sie eher selbstherrlich, und vielen oder zumindest manchen wird vorgeworfen, einen diktatorischen Führungsstil zu haben oder sogar ihre Mitarbeiter auszunutzen. Ich habe ein Buch über Missbrauch von Leiterschaft gelesen, laut dem, so weit ich sehen konnte, fast jeder entschlossene Leiter des Missbrauchs verdächtigt würde, wenn er mit etwas

* IFES bedeutet *International Fellowship of Evangelical Students*; auch das deutsche Werk SMD (»Studentenmission Deutschland«) ist dieser Bewegung angeschlossen.

Leidenschaft und Herz seine Gemeinde dafür zu gewinnen sucht, Jesus mit ganzem Herzen, ganzem Verstand, ganzer Seele und aller Kraft zu dienen und ihn zu lieben. Einige Leute wollen, wenn sie einen solchen Leiter haben, die Botschaft von ihm nicht annehmen. In manchen Fällen werden sie versuchen, die Schwächen der Person ausfindig zu machen. Wenn wir ehrlich sind, gibt es viele Bibelverse, die bei näherem Betrachten missbräuchlich zu sein scheinen. Nehmen wir zum Beispiel:

> Ich weiß alles, was du tust und dass du weder heiß noch kalt bist. Ich wünschte, du wärest entweder das eine oder das andere! Aber da du wie lauwarmes Wasser bist, werde ich dich aus meinem Mund ausspucken!
>
> *Offenbarung 3,15–16*

Oder aus Lukas:

> Genauso kann auch niemand mein Jünger sein, ohne alles für mich aufzugeben.
>
> *Lukas 14,33*

Wir brauchen wirklich viel Weisheit bei der Verwendung des Wortes Missbrauch. Ich erinnere mich an eine Frau, die vor vielen Jahren in einem meiner Teams mitarbeitete. Ich hielt ihre Heiratspläne für überstürzt und versuchte, sie ein bisschen zu bremsen. Sie ging mich hart an und nannte mich einen Kontrollheini. Nach diesem schmerzhaften Gespräch stellte ich mich hinter sie. Ich besuchte sogar ihren Traugottesdienst und die anschließende Feier. Ich musste mitansehen, wie die Ehe innerhalb weniger Jahre in die Brüche ging.

Nach 60 Jahren Erfahrung in verschiedenen Führungspositionen muss ich sagen, dass das wirklich alles andere als einfach ist. Wir Leiter sind alle nicht perfekt und haben Schwächen, die manchmal zu echten Sünden führen. Alle Leute, die wir anzuleiten und zu unterstützen suchen, haben ebenfalls ihre Schwächen, die manchmal zu Sünde führen. Was also wird das Ergebnis sein? Oft ein großes Chaos! Verletzte Menschen, zerbrochene Herzen und Enttäuschungen. So viele kommen heute unter unsere Leiterschaft, die schon sehr verletzt worden sind. Manche wurden sogar sexuell missbraucht. Das macht es extrem schwer, sie zu leiten und ihnen zu helfen. Viele Leiter sind sehr beschäftigt und überengagiert, und das oft deswegen, weil sie Jesus und seiner Gemeinde in Liebe dienen wollen. Wenn dazu noch Evangelisation und viele nicht christliche Freunde kommen, stehen wir vor einem Ding der Unmöglichkeit. Manche Sachen werden schieflaufen. Menschen werden verletzt werden. Deshalb denke ich, dass wir oft gar nicht weiterkommen können, wenn unsere Herzen nicht von der brennenden Liebe aus 1. Korinther 13 erfüllt werden und wir demütig werden und bereit sind, uns von Gott umformen zu lassen, auch wenn das schmerzhaft ist. Ich habe Hunderte von Leitern gesehen oder über sie gelesen, die miteinander zerstritten sind. Ich habe erlebt, wie eine Führungskraft aus der zweiten Reihe die sogenannte Nummer eins stürzen wollte. Wenn die Ehefrau oder bei einer Leiterin der Ehemann mitmischen, wird das Ganze noch verrückter.

Gestandene Leiter brauchen ein hohes Maß an geistlichem Verständnis, um zusammenarbeiten zu können. In manchen Büchern über Leiterschaft fehlt die Botschaft vom Kreuz und davon, ein »gekreuzigtes Leben« zu führen:

> Ich lebe, aber nicht mehr ich selbst, sondern Christus lebt in mir. Ich lebe also mein Leben in diesem irdischen Körper im Glauben an den Sohn Gottes, der mich geliebt und sich selbst für mich geopfert hat.
>
> *Galater 2,20*

Jemand hat mal gesagt, dass der erste Grund für schnelles Gemeindewachstum all die Spaltungen seien. Der Gedanke, dass Gott nicht wirken kann, wenn Sünde im Lager ist, klingt gut, und manche führen sogar eine Geschichte aus dem Alten Testament an, die das bestätigen soll. Dabei gibt es nur ein Problem: Es ist nicht wahr! Zweitausend Jahre Kirchengeschichte beweisen, dass Gott Großes tun und viele Menschen retten kann, und zwar mitten in sündhaften, chaotischen Zuständen.

Machen wir uns klar, dass unsere Sicht von dem, wie Gott durch Menschen wirkt, zu engstirnig ist. Es ist in Ordnung, wenn wir von einem bestimmten Leiterschaftsmodell überzeugt sind, doch sollten wir nicht zu schnell Leute kritisieren, die ein anderes Konzept verfolgen. Unterschiedliche Kirchen haben unterschiedliche Formen von Leiterschaft. Ja, ich persönlich halte einige für besser als andere, aber das ist viel schwieriger zu beurteilen, als ich früher dachte. Es gibt kaum ein christliches Werk oder eine Organisation, die nicht ihr Chaos, ihre Probleme und, ja, auch ihr sündhaftes Verhalten gehabt hätte. In manchen Fällen treffe ich die bewusste Entscheidung, mich zurückzuziehen und Abstand zu halten. *Aber ich kann dem lebendigen Gott nicht vorschreiben, dass er sich fernzuhalten hätte.* Er wird uns weiterhin damit in Staunen versetzen, wie er alle möglichen Leiter in allen möglichen Situationen gebraucht, auch die chaotischen. Ja, das ist Messiologie vom Feinsten!

Manche Leser werden nicht davon überzeugt sein. Aber wenn ich mich mit Ihnen zusammensetzen könnte, würde ich Ihnen mehr als tausend Vorfälle aufzählen, die ich gesehen oder über die ich gelesen habe und die mich zu dieser Erkenntnis gebracht haben. Ich könnte mir vorstellen, dass Sie am Ende überzeugter wären als ich. Falls Sie sehr jung sind, erscheint Ihnen das vielleicht schwierig oder es verwirrt Sie. Aber bitte warten Sie nicht, bis Sie alt sind, bevor Sie diese wertvolle Lektion lernen. Lesen Sie gute Bücher über Leiterschaft und fangen Sie mit der Bibel an.

LOBEN, GEHEN, STAUNEN

Ich komme gerade von einem Gebetsspaziergang hier bei The Hookses in der walisischen Grafschaft Pembrookshire, wo John Stott wohl auch betend entlangspaziert ist und oft Vögel beobachtet hat. Ich habe mir seinen Schreibplatz und die Hütte angeschaut, in der er wunderbare Zeiten verbracht haben muss. Viele seiner Bücher standen im Regal, auch seine zweibändige Biografie. Ich habe ein Buch entdeckt, das mir bis dahin unbekannt war. Es wurde von John Stotts Nachfolger Chris Wright herausgegeben, dem heutige Leiter der Organisation *Langham Partnership*, denen das Grundstück gehört. Das Buch heißt *John Stott – A Portrait by His Friends*[38] (»John Stott. Ein Porträt, gezeichnet von seinen Freunden«). Ich wünschte, ich könnte mich einfach hinsetzen und alles lesen.

Ich bin oft an der Küste Pembrokeshires entlanggelaufen, häufig mit meinem besonders guten walisischen Freund Wayne Thomas. Doug Burton, der im nahe gelegenen Pembroke die Gemeinde *Haven Church* gegründet hat, hatte mich mit ihm bekannt gemacht. Wayne war weit entfernt von Gott und lebte ein ausschweifendes Leben mit viel Alkohol und allem, was dazugehört. Er lieferte Kuchen an die *Haven Church* und traf dort einen ehemaligen Stuntman aus den USA namens Chuck Cox, was zu seiner eindrücklichen Bekehrung führte. Doug schlug ihm vor, eine meiner Versammlungen in Carmarthen zu besuchen. Danach fuhr er mich den langen Weg zurück zu einer Farm in den Quantock Hills außerhalb von Taunton. Dort kamen Drena und ich meistens einmal im Jahr unter, um mal ein bisschen zu entschleunigen und Pause zu machen. Dave und Mary Hawthorne, mit denen wir eng befreundet sind, hatten das für uns veranlasst, was sich als Beginn einer lebenslangen Freundschaft herausstellte. Wir sind oft zusammen an der Küste entlangspaziert. Wayne landete später bei OM und arbeitete mit mir zusammen. In Frankreich lernte er eine wunderbare OM-Mitarbeiterin kennen, die er schließlich heiratete. Sie wurden Leiter und Verwalter unseres Einkehr- und Konferenzzentrums in West Watch in der Grafschaft West Sussex. Jetzt dienen sie mit ihren beiden erwachsenen Töchtern in unserer Niederlassung in Tyrone im US-Bundesstaat Georgia.

Die Spaziergänge und seit ein paar Jahren auch das Joggen sind zu einem wichtigen Teil meines Lebens geworden. Ich verbinde das häufig mit Lobpreis, Gebet und Anbetung. Mir fällt es leichter, Gott unter freiem Himmel inmitten seiner Schöpfung anzubeten als in irgendeinem Gebäude voller Leute, aber beides ist natürlich wichtig. Die Zeiten, die ich allein mit Gott verbrachte, halfen mir immer besonders dabei, den Stress und die Herausforderungen der Leiterschaft zu bewältigen. Vor allem Wasser, Schluchten und zerklüftete Küsten haben es mir angetan.

Als meine Lieblingsplätze konkurrieren die Schweizer Berge (besonders wenn ich im Zug sitze und Briefe diktiere) mit den Nationalparks in Southern Utah und Northern Arizona, unter anderen Bryce, Arches, Zion und dem Grand Canyon. In seiner Gnade und Liebe hat Gott es mir viele Male ermöglicht, diese Orte mit verschiedenen Leuten zu besuchen, darunter meine Kinder und Enkel.

Im Moment sitze ich auf einer Fensterbank und blicke hinaus auf die wunderschöne Küstenlandschaft. Irgendwo dahinten liegt auch Milford Haven, wo vor Jahrzehnten schon das OM-Schiff *Logos* angelegt hat. Ich würde mich freuen, wenn viele von Ihnen *Die Logos-Story*[39], *Die Doulos-Story*[40] und dann *The Voyage Of The Logos Hope*[41] lesen würden. Sie würden erstaunt sein, wie Gott den Dienst auf den

Schiffen gebraucht hat. Wer weiß, vielleicht werden Sie selbst mal mit diesem Schiff unterwegs sein? Ich erinnere mich daran, wie ich mit John Stott zusammen auf der *Logos II* in London arbeitete. Wir waren sehr unterschiedlich. Als er mich bei der Urbana-Konferenz Ende der Sechziger zum ersten Mal predigen hörte, regte er sich ziemlich auf. Seines Erachtens hatte ich zu wenig aus der Bibel zitiert (ich hatte hauptsächlich mein Zeugnis erzählt). Als er mich damit konfrontierte, brach ich in Tränen aus. Wir ahnten nicht, dass das der Beginn einer lebenslangen Freundschaft werden sollte. Je mehr wir miteinander sprachen und arbeiteten, desto mehr erkannten wir unsere vielen Gemeinsamkeiten und John wurde ein großer Unterstützer von OM. Es war eine große Freude, kürzlich in der *All Souls Church* in London predigen zu dürfen, wo er viele Jahre lang Leiter und Direktor gewesen war. Ich schreibe das alles, um Leute zu einem ausgewogenen Leben zu ermutigen. Vielleicht haben Sie darüber schon in meinen anderen Büchern gelesen. Ich kann gar nicht genug betonen, wie wichtig das ist. Vor allem muss man einen Ausgleich finden zwischen Arbeit, die eher trocken ist, und einem Dienst, den man als erfüllend empfindet.

Auch beim Bibellesen wird eine starke Bibelstelle erst durch Parallelstellen ins richtige Licht gerückt. Wenn man Verse aus dem Zusammenhang reißt, besonders aus dem Alten Testament, und sie Leuten über den Kopf haut, ist das nicht der richtige Weg. Ich staune immer noch über den Missbrauch der Schrift, besonders des Alten Testaments. Natürlich beziehen wir uns auf die Verse, die uns gefallen, und lassen die aus, die uns nicht gefallen oder die wir nicht verstehen. Es bricht mir das Herz, wenn ich so viele Freunde und Gläubige in unterschiedliche Extreme und Randgruppen abgleiten sehe. Leute lassen sich von verschiedenen extremen Standpunkten beeindrucken. Oft machen alle möglichen E-Mails mit einseitigem Inhalt die Runde, in denen selten das ganze Bild oder beide Seiten einer Geschichte betrachtet werden.

Wenn ich solche Leute treffe, erscheinen sie oft sehr pessimistisch oder sogar bitter und zornig. Wenn ich mit ihnen spreche, kommt mir der Gedanke, dass selektives Lesen (also die einseitige Betrachtung eines Sachverhalts) vielleicht schlimmer ist, als gar nicht zu lesen. Jeder, der ein bisschen Bildung genossen und Erfahrung gesammelt hat, weiß, dass man nicht alles glauben kann, was man liest. Sogar christliche Bücher, Zeitschriften und Zeitungen übertreiben manchmal oder stellen Dinge falsch dar. Sogar einige der größten Zeitungen vertreten einseitige Standpunkte. Es gibt zahllose Sekten und extremistische Gruppen, die ihre »Sache« auf der ganzen Welt vorantreiben. Manchmal gibt es Richtigstellungen, aber oft so klein gedruckt, dass die meisten Leute sie übersehen. Einige E-Mails und Blogs haben sich als gänzlich falsch erwiesen. Es kursieren alle möglichen Verschwörungstheorien, manche uralt, andere brandneu. Gesundheit, Religion und Politik sind die großen Schauplätze von Verallgemeinerungen, Halbwahrheiten, Überreaktionen und reinem Unsinn. Wenn jemand einer bestimmten Partei angehört (nicht unbedingt einer schlechten), dann ist es ihm oft unmöglich, irgendetwas Gutes in dem zu sehen, was die andere Partei sagt oder tut. Ich begegne diesem Mangel an gesundem Menschenverstand und an Ausgewogenheit in vielem, was gesagt wird, und viele der Predigten, die ich mir anhöre, machen da keine Ausnahme.

Oft ist den Leuten gar nicht klar, wie sehr ihr eigenes Temperament und ihre Verletzungen sich in dem widerspiegeln, was sie glauben und aussprechen. Schwarz-Weiß-Denker sind natürlich besonders empfänglich für diesen Fehler, weil wir in einer Welt voller Grautöne leben. Als ernsthaft Gläubige an Jesus und sein Wort gibt es grundsätzliche Fragen, in denen wir klar Schwarz und Weiß unterscheiden. An manchen Punkten ist das unerlässlich. Zum Beispiel bei »Du sollst nicht töten«. Und selbst da sind sich Christen nicht ganz einig, besonders, wenn es um Waffen und Krieg geht. Manche Leute, die ihre großen Ansichten zu einem Thema zum Besten gegeben haben, habe ich etwas vor den Kopf gestoßen, indem ich sie auf die Vielschichtigkeit hingewiesen habe. Die Erfahrungen, die ich gemacht habe, scheinen oft nicht zu überzeugen; dass ich 70 Jahre lang gelesen, gelernt und mich in Tausenden Gemeinden in beinahe hundert Ländern für Gottes Reich eingesetzt habe, erscheint unbedeutend. Eine Sache finde ich beängstigend: Wenn Leute eine extreme Richtung eingeschlagen haben, scheinen sie nach einer Weile neurotisch zu werden (bei manchen ist es schon so weit). Das ist eine traurige Sache.

Ich fürchte, wir bringen gerade eine ganz neue Sorte von Pharisäern hervor, und damit Spaltung, Verwirrung und am Ende Entmutigung bis hin zum Abfall vom Glauben. Das passiert sogar innerhalb von Familien und natürlich Gemeinden. Können wir nicht auch in unseren festesten Überzeugungen demütig sein und uns eingestehen, dass wir falschliegen könnten? Können wir eine Sache nicht von mehreren Seiten betrachten? (Oh, das ist eine große Herausforderung in unserer schnelllebigen Zeit der elektronischen Kommunikation.) Sollten wir nicht von klugen Menschen und besonders von Männern und Frauen Gottes lernen, die doch zu fast jedem Thema auf der Welt etwas geschrieben oder gesagt haben? Die Verallgemeinerungen über Muslime (und viele verschiedene Völker), die oft mit Vorurteilen und üblen Beschimpfungen verbunden sind, sollten uns nicht kaltlassen. Manche Bücher schüren das Feuer, und alle möglichen Leute sind plötzlich ach so gute Islamkenner. Vielleicht liege ich falsch, aber ich sehe so viel Stolz, Ungeduld und Arroganz und so wenig Jesus, Demut und Zerbruch.

Manchmal ist das ein großer Stolperstein für diejenigen, die diese Völker mit dem Evangelium erreichen wollen. Wenn wir mit jemandem in einer politischen Frage oder in Bezug auf die Lehre nicht übereinstimmen, ist es uns dann wichtiger, die Meinung der Person zu ändern, als sie zu Jesus zu führen? Oder wenn es sich um einen Gläubigen handelt, können wir uns nicht in Liebe und Gemeinschaft üben und uns seine Geschichte anhören? Manche bewegen sich nur in ihrer eigenen kleinen Welt und schauen auf andere herab, die nicht mit ihnen übereinstimmen. Ich schrieb schon davon, dass ich deswegen vor fünfzig Jahren *Die Revolution der Liebe* sowie andere Bücher darüber geschrieben habe und warum wir uns nach 56 Jahren immer noch für die Verbreitung von Roy Hessions Buch *Das neue Erwachen* einsetzen. Deswegen ist Charles Swindolls *Zeit der Gnade* für viele von uns eines der wichtigsten Bücher geworden. Viele können heute das Wort Buße nicht mehr buchstabieren. Ich denke, es beinhaltet eine Wende um 180 Grad und Veränderung.

Ich glaube, dass DVDs über Transformationstheologie* im Glauben stärken, aber auch völlig unbiblische und unrealistische Erwartungen wecken können. Das ist nichts wirklich Neues. Die *Dominion Theoloy* (»Königreichstheologie«) hat das auf die Spitze getrieben und wurde, so scheint mir, mittlerweile diskreditiert. Die Geschichte hat gezeigt, dass wir niemals ganze Völker oder auch nur ganze Städte verändern können. Bei einer kleinen Stadt oder einem Dorf mag es vielleicht gelingen, doch auch dort wird das Böse nicht weit sein. Äußerliche Veränderung wird die Menschen oft einfach in die Gleichförmigkeit treiben, ins Namenschristentum und die verschiedenen Spielarten der Heuchelei. Kirchengeschichte ist seit 56 Jahren eines meiner Lieblingsthemen. Sie untermauert diesen Gedanken. Die größtmögliche Wirkkraft als Salz und Licht zu entfalten, ist etwas ganz anderes, und wenn wir die Transformationstheologie auf diesen Gedanken gründen, ist schon viel gewonnen. Der Hang zur Übertreibung bei Charismatikern und Evangelikalen verbreitet sich wie eine Seuche und schadet dem Werk Gottes. Meine Sicht von Messiologie hilft mir, auch hier inmitten des Chaos zuversichtlich zu bleiben. Der Gedanke oder die Theorie, Europa habe als sogenanntes christliches Abendland auch einen wirtschaftlichen Aufschwung erlebt, ist nicht hieb- und stichfest, enthält jedoch andererseits viel Wahres. Die

---

* Die Transformationstheologie betont das soziale Engagement besonders stark.

Wirklichkeit ist viel vielschichtiger, als manche Aufsätze uns glauben machen wollen. Wenn wir Transformation wollen, muss unsere Aufmerksamkeit hauptsächlich und zuallererst auf uns selbst gerichtet sein, dann auf die Menschen um uns herum und dann auf die Gemeinde. Dann wird Gott – auf unterschiedlichen Wegen – handeln, und der Teufel wird sich doppelt anstrengen.

Ich habe Geschichten über große Erweckungen gelesen, die einen von Transformation träumen lassen. Natürlich haben sie die Gesellschaft beeinflusst. Aber die Berichte waren übertrieben und zeigten nicht das ganze Bild. Unser Drang, komplexe Dinge zu vereinfachen, führt zu noch größerer Verwirrung.

Wie können wir inmitten all dieses Chaos, das wir sogar in der Gemeinde und christlichen Organisationen sehen, entschlossen weitergehen, ohne uns entmutigen zu lassen? Natürlich gibt es ganze Bücher und Predigten, die darauf Antwort geben. Aber wenn Sie mich fragen, geht es nicht ohne Messiologie, die eine andere Perspektive auf das Wirken Gottes unter den Menschen ermöglicht. Für mich als christlichen Leiter war es hart zuzugeben, dass ich eine falsche Sicht auf Gott und sein Wirken hatte. Wie sieht es bei Ihnen aus?

Wenn Sie nicht verletzt werden wollen, spielen Sie kein Rugby

Einmal traf ich mich zum Mittagessen mit Paul Dando, einem Pastor in Wales. Er leitet eine Gemeinde in Narberth, wo ich häufig predigte. Einmal nahm ich meinen Enkel Charlie mit, der mir mit meinem Büchertisch half. Für Charlie war es das erste Mal, und es überraschte ihn, dass wir all das Geld, das uns die Leute gaben, nicht behalten konnten.

Anschließend fuhren wir in die nahe gelegene Küstenstadt Little Haven. In dem kleinen Restaurant, das wir aufsuchten, erzählte Paul folgende Geschichte: Es war bei einem Treffen verschiedener Leiter. Einige von ihnen klagten über große Schwierigkeiten mit ihren Gemeinden. Bevor ein älterer Gastsprecher aus Südafrika die Hauptpredigt halten sollte, sprach jemand ein Gebet und betete besonders für die Personen, die in ihren Gemeinden zu kämpfen hatten, woraufhin der Südafrikaner seine Botschaft mit den Worten einleitete: »Wenn Sie nicht verletzt werden wollen, spielen Sie kein Rugby.« Wie wahr!

Auf der ganzen Welt habe ich zu Leuten und besonders zu Leitern gesagt: »Wenn Sie nicht verletzt werden wollen, befinden Sie sich auf dem falschen Planeten.« So ist dieser gefallene, rebellische Planet nun mal, und wir müssen lernen, damit klarzukommen und trotzdem weiterzuarbeiten. Auch in der besten aller lebendigen Gemeinden wird es Fehler geben, weil es überall menschelt. Leute werden sündigen und Niederlagen erleben und Hilfe brauchen. Und zu allem Überfluss erinnert uns die Bibel daran, dass der Teufel wie ein brüllender Löwe umherstreift, auf der Suche nach Opfern, die er verschlingen kann (1. Petrus 5,8).

Für mich war das Beispiel von Männern und Frauen, die trotz aller Verletzungen und Schwierigkeiten Vergebung geübt haben und weitergegangen sind, immer sehr hilfreich. Gleichzeitig glaube ich, dass wir als Leiter persönlich nur wenige Menschen verletzen werden, wenn der Heilige Geist wirklich in uns Wohnung nehmen kann. Mir war oft wichtig zu wissen, ob etwas, das ich gesagt oder getan hatte, jemanden verletzt hat, und ich habe alles darangesetzt, mich zu entschuldigen und um Vergebung zu bitten. Wir müssen uns fragen, wie oft wir ernsthaft sagen: »Entschuldige bitte, vergib mir.« Sollte das nicht der Grundsatz unseres Herzens und unseres Wortschatzes sein?

Missverständnisse gehören zum Alltag auf diesem Planeten. Über andere Planeten kann ich nichts sagen, aber auf diesem habe ich Tausende große und kleine Missverständnisse gesehen. Zerstörerisches Geschwätz hat seinen Ursprung oft gar nicht direkt in Sünde oder Bösem, sondern in Fehlkommunikation und Missverständnissen. Unser ganzes Eheleben lang hatten Drena und ich damit zu kämpfen. Meistens geht es um ganz kleine Dinge, aber der Feind gebraucht sie, um Verwirrung, Verletzung und Leid anzurichten. Wir müssen lernen, dem entgegenzutreten, indem wir besser zuhören und uns mehr Mühe geben, die Person zu verstehen, mit der wir sprechen oder über die gesprochen wird.

Es ist sehr wichtig, das Beste über den anderen anzunehmen und den weltlichen Grundsatz zu beherzigen, nach dem eine Person als unschuldig gilt, bis ihre Schuld bewiesen ist. Mir hat es das Herz gebrochen, Menschen zu begegnen, die diese Prinzipien über Bord geworfen haben und ihre Lebensreise aus eigener Kraft fortführen.

An dieser Stelle möchte ich Sie dazu aufrufen, Gebet, Gebetstreffen, Gebetskonzerte, oder wie Sie es auch nennen mögen, zu einem zentralen Teil Ihres Lebens und Dienstes zu machen. Zu beten und Gebetstreffen höchste Priorität einzuräumen, gehörte zu den wichtigsten Dingen, die ich als junger Christ gelernt habe. Durch Gottes Gnade ist das bis heute so geblieben. Es gibt Hunderte Bücher über das Gebet, und ich möchte nicht wiederholen, was andere schon gesagt haben. Aber ich möchte meinen Lesern ins Bewusstsein rufen, wie viele Rückschläge, Probleme und Verletzungen durch Gebetslosigkeit verursacht werden können. Es würde mich sehr freuen zu erfahren, dass viele die zwei entsprechenden Kapitel in meinem Buch *Gnade gewinnt* gelesen haben und sie in die Praxis umsetzen.

Das führt mich zu einem der wichtigsten Punkte in unserem Leben mit Gott, und zwar der Herausforderung, keinen Groll oder irgendetwas in der Art gegen andere zu hegen. Durch Gottes Gnade musste ich nie unversöhnt ins Bett gehen, obwohl ich von vielen Menschen enttäuscht und verletzt worden bin. Ich sehe da keine andere Möglichkeit. Wir müssen vergeben und sogar versuchen zu vergessen. Die Verse über die Feindesliebe verdeutlichen, dass es falsch, ja, lächerlich ist, jemandem gegenüber verbittert zu sein. Jegliche Rachegelüste haben keinen Platz in einem Jünger des liebenden, lebendigen Gottes. Das heißt nicht, dass man dann gute Gemeinschaft haben oder zusammenarbeiten muss. Das ist oft ein schwieriger Schritt und manchmal sogar unmöglich. Wenn wir in unserem Glauben reifen, und für mich war das ein schwerer Prozess, lernen wir, trotz ungelöster zwischenmenschlicher Konflikte weiterzugehen. *Können etwa zwei miteinander wandern, sie seien denn einig untereinander?* (Amos 3,3). Es geht um eine andere Ebene von grundsätzlicher Liebe, Respekt und Vergebung. Wir dürfen nicht vergessen, dass es nur einen Leib gibt. Ja, wir sind der Leib Jesu. Wir sollen nicht meinen, wir könnten einfach so die ganze Welt evangelisieren und überall Gemeinden gründen, ohne dass wir dabei irgendwelche Probleme und Prüfungen zu bestehen hätten, was für manche sogar bedeutet, um Jesu willen ihr Leben zu verlieren. Die Märtyrer, die unsere Bewegung hervorgebracht hat, haben uns sehr beeinflusst und uns geholfen, unsere Prioritäten zu *seiner Ehre* zu ordnen. Ich ermutige jeden dazu, *Das Beste gegeben*[42] von Gary Witherall zu lesen, das er nach dem Märtyrertod seiner Frau im Libanon geschrieben hat. Eine gute Ergänzung dazu ist, R. T. Kendalls Buch *Völlige Vergebung*[43] zu lesen. In Gottes großer weltweiter Armee zu dienen, ist sicher härter als Rugby und Fußball. Denken Sie an 2. Timotheus 2,3: *Sei bereit, als ein treuer Kämpfer für Christus Jesus zu leiden.* Und wenn Sie schon dabei sind, lesen Sie doch gleich das ganze zweite Kapitel dieses Briefes.

MOTZER, JAMMERER, BLOCKIERER UND PESSIMISTEN

Spricht diese Kapitelüberschrift Sie etwa an? Ich hoffe nicht – Das ist wirklich ein Holzweg, auf dem zu viele gelandet sind. Als junger Christ hatte ich wohl damit zu tun und auch später noch als Ehemann, Vater und christlicher Leiter. In vielerlei Hinsicht erscheine ich zwar sehr optimistisch, habe aber auch einen starken negativen Zug. Interessanterweise scheint Gott einige meiner negativen Aussagen zu gebrauchen, besonders über den Zustand der Gemeinde und sogar den durchschnittlichen Christen. Wir waren Feuer und Flamme für radikale Jüngerschaft. In den späten Fünfzigern und Sechzigern setzten wir in die Tat um, worüber David Platt ein paar Jahre zuvor in *Radical* geschrieben hatte.

Ich erinnere mich noch gut daran, wie ich vor 40 Jahren in Pakistan war, kurz nachdem der Dienst dort begonnen hatte. Wir erhielten die Möglichkeit, ein wichtiges Treffen in der Kathedrale einer großen Stadt abzuhalten. Wichtige Kirchenleiter nahmen daran teil, darunter auch der Bischof der pakistanischen Kirche. Ich sollte das Hauptreferat halten. Ich weiß noch, wie ein OM-Leiter mich bat, meine Worte während der Predigt mit Bedacht zu wählen. Wahrscheinlich war ihm bekannt, dass ich manchmal etwas Beleidigendes oder Dummes in meinen Predigten sagte. Soweit ich mich erinnere, antwortete ich, ich würde mein

Bestes geben. Dann bat mich jemand anders, ordentlich gekleidet zu kommen. Anzug und Krawatte standen damals hoch im Kurs in der Kirche von Pakistan und so ist es bis heute geblieben. Ich war nicht bekannt für meinen guten Kleidungsstil, aber man höre und staune, am nächsten Tag erschien ich in Anzug und Krawatte. Ich muss wie ein Bestattungsunternehmer ausgesehen haben. Das war eine Zeit in meinem Leben, in der ich entschlossen war, auch in finsteren, schwierigen Situationen weniger negativ zu sein. Gott wollte wohl einen Wendepunkt in meinem Leben setzen. Denn als ich sprach, flog eine Taube über mich hinweg und entlud sich auf meinem Hemdsärmel. Das war mir so peinlich vor dem Bischof und all diesen Leuten, von denen mich viele zum ersten Mal hörten. Aber Gott tat etwas Neues und ich sagte einfach: »Preis den Herrn, dass die Elefanten hier nicht fliegen können.« Natürlich gab das einen großen Lacher.

Vielleicht befinden Sie sich tatsächlich in einer schlechten Lage. Aber Sie könnten auch einfach dem Herrn danken und ihn preisen: Es könnte viel schlimmer sein. Das heißt nicht, dass Sie buchstäblich den Herrn dafür preisen sollen, wenn jemand Sie in eine schmerzhafte, schwierige Situation gebracht hat. In diesem Moment müssen Sie sich den Vers in Erinnerung rufen: *Sind andere Menschen glücklich, dann freut euch mit ihnen. Sind sie traurig, dann begleitet sie in ihrem Kummer* (Römer 12,15). Im selben Moment können wir uns von Herzen freuen, dass Gott aus einer schrecklichen Situation etwas Wunderschönes hervorbringen kann. Ich lese gerade das Buch von Hanna Miley (eine wunderbare ehemalige OM-Mitarbeiterin) über ihr Leben. Sie beschreibt, wie sie als Kind mit einem der berühmten »Kindertransporte« nach Großbritannien fuhr, die Kinder vor dem Holocaust retteten. Das Buch heißt *Meine Krone in der Asche*[44] und handelt von der Versöhnung mit denen, die ihre Eltern und viele andere während des fürchterlichen Krieges ermordet haben.

Warum sind so viele bibeltreue Gläubige, zu denen ich mich auch zähle, so schnell dabei, Kritik zu üben, bevor sie die Tatsachen kennen?

Warum murren so viele Christen über so viele Dinge, besonders über ihre Regierungen? Was entnehmen wir den folgenden Versen?

> Freut euch im Herrn. Ich betone es noch einmal: Freut euch! Lasst alle sehen, dass ihr herzlich und freundlich seid. Denkt daran, dass der Herr bald kommt. Sorgt euch um nichts, sondern betet um alles. Sagt Gott, was ihr braucht, und dankt ihm. Ihr werdet Gottes Frieden erfahren, der größer ist, als unser menschlicher Verstand es je begreifen kann. Sein Friede wird eure Herzen und Gedanken im Glauben an Jesus Christus bewahren.
>
> *Philipper 4,4-7*

Gott möchte nicht, dass wir murrende, jammernde, negativ eingestellte, undankbare Leute sind. Bitte halten Sie einen Moment inne, so wie ich, und erlauben Sie dem Heiligen Geist, in Ihrem Herzen und Ihrem Leben etwas Neues zu schaffen. Ich habe darüber in dem Kapitel über die Sprüche geschrieben. Hier möchte ich ausführen, wie es sich verhält, wenn man sowieso schon negativ veranlagt ist oder zu Zornausbrüchen neigt. Für mich als jungen Christen war es schwer, eingestehen zu müssen, dass ich solche Charakterzüge besaß. Ich erinnere mich an eine Gelegenheit, als sich das in meinen Worten zeigte, und habe sofort Buße getan. Ich hatte besonders damit zu kämpfen, wenn ich Auto fuhr, und merkte, dass es mir half, den Zug zu nehmen.

Wo auch immer man sich heute aufhält, ist man ständig von murrenden, jammernden Leuten umgeben. Wird dadurch irgendetwas besser? Ich habe Dr. Norman Vincent Peales Buch *Ja zum Leben*[45] und ähnliche Bücher gelesen, die mir beim Umdenken geholfen haben.

Verbringen Sie viel Zeit mit solchen Personen? Dann werden Sie genauso werden, denn es ist ansteckend! Leute, die immer nur das Schlechte sehen, sind oft sehr stolze Besserwisser. Häufig ist dieser Stolz allerdings mit Unsicherheit verbunden, was eine noch gefährlichere Kombination ist. Ich habe eine Liste mit Dingen geschrieben, über die Christen gerne motzen und jammern:

> Oh, die Musik ist zu laut, sagen sie.
> Oh, sie verwenden die falsche Bibelübersetzung.
> Oh, wie kann man nur mit solchen Klamotten
> in den Gottesdienst kommen?!
> Oh, der Pastor hat zu lange gepredigt.
> Oh, wo seine Frau wohl die schicken Klamotten herhat und was sie wohl in ihrer Freizeit macht?
> Oh, Sally ist so dick und Lily redet so viel.
> Oh, Sam hat mal wieder sein Deo vergessen.
> Oh, ist euch das neue, teure Auto des Pastors aufgefallen?
> Oh, ich habe gestern einen der Ältesten in einer Kneipe gesehen.
> Oh weh, sie haben Rotwein aus den Abendmahlsgläsern getrunken.
> Oh, ich habe den Sohn des Pastors mit einem Bier gesehen.

In meiner Anfangszeit haben Christen sich noch über Frauen mit Lippenstift oder Männer mit langen Haaren aufgeregt. Man könnte die Liste fortführen. Wenn Sie so denken und handeln, was hat das für einen Ewigkeitswert? Wissen wir eigentlich, wie wichtig unsere Einstellung und unsere Haltung sind? Noch einmal möchte ich dazu aufrufen, Charles Swindolls Buch *Zeit der Gnade* zu lesen, das mittlerweile in vielen Sprachen erhältlich ist. Ich lese gerade ein neues Buch von Peter Haas. Es trägt den Titel *Pharisectomy*[46] (»Pharisäotomie«, also die operative Entfernung des Pharisäertums) und den Untertitel: *How to Joyfully Remove Your Inner Pharisee and Other Religiously Transmitted Diseases* (»Wie Sie fröhlich Ihren inneren Pharisäer und andere religiös übertragbare Krankheiten loswerden können«). Sie können sich vorstellen, worum es darin geht. Wir müssen uns klarmachen, dass für Gott nicht nur zählt, was wir tun und sagen, sondern auch, was wir denken. Unsere Haltung macht den größten Teil unseres Lebens mit Jesus aus.

Jede Person und fast jede Situation hat positive und gute Seiten, und wir sollten uns viel mehr darauf konzentrieren. Wir sollten auch den Vers beherzigen: »Der Maßstab, nach dem ihr andere beurteilt, wird auch an euch angelegt werden, wenn man euch beurteilt« (Matthäus 7,2). Und wie sieht es mit der Goldenen Regel aus? »Geht so mit anderen um, wie die anderen mit euch umgehen sollen. In diesem Satz sind das Gesetz und die Propheten zusammengefasst« (Matthäus 7,12). Ja, ich weiß, da sind wir wieder bei der *Revolution der Liebe*, und ich hoffe, Sie werden das von ganzem Herzen in die Tat umsetzen. Die Bibel betont das so sehr. Wie könnten wir dann darüber hinweggehen?

Lesen Sie in Thessalonicher 5,16: »Seid immer fröhlich.«

Wenn wir über positive Einstellungen sprechen, ist Philipper 4,8 fast unschlagbar:

> Und nun, liebe Freunde, lasst mich zum Schluss noch etwas sagen: Konzentriert euch auf das, was wahr und anständig und gerecht ist. Denkt über das nach, was rein und liebenswert und bewunderungswürdig ist, über Dinge, die Auszeichnung und Lob verdienen.

Ein Freund, der als Pädagoge arbeitet, erklärte mir, was ein Blockierer sei. Das Wort war mir in diesem Zusammenhang neu. Es handelt sich um eine Person, die meint, dass alles in Ordnung sei, besonders in ihrem eigenen Dienst und Lehre. Sie bremsen alles Streben nach Veränderung. Wenn wir wachsen und so werden wollen, wie Gott uns haben will, dann müssen wir immer weiterlernen und uns verändern.

Beschwerden und Kritik am eigenen Ehepartner führen oft in zerbrochene Beziehungen. Gott sei Dank habe ich meine Frau nur selten vor anderen kritisiert und nicht allzu oft im Privaten. Aber ich musste mich für indirekte Anspielungen und manchmal Humor entschuldigen, die meine Frau bei den Lesern oder Zuhörern in ein falsches Licht rücken konnten. Einmal habe ich meiner Frau in einer Predigt in etwas ausgedehnter Form meine Hochachtung bezeugt und bin auch dafür kritisiert worden! Haben Sie das auch manchmal erlebt? Wie man's macht, ist's falsch. Da kommt doch glatt meine negative Ader wieder hervor! Möge der Herr uns allen gnädig sein.

VERKÜNDIGUNG MIT SOZIALEM ENGAGEMENT

Kann es sein, dass eine Person die größte Veränderung ihres Lebens und ihrer Theologie mit 60 Jahren erlebt? Ja, das ist mir so ergangen und auch der Bewegung, die ich mitbegründet habe, *Operation Mobilisation* (OM). In *Gnade gewinnt* habe ich nur ein Kapitel über diese großen Veränderungen geschrieben, die vor inzwischen einem Dutzend Jahre eingetreten sind.

Wir müssen noch mal auf John Stott, Billy Graham und den Weltkongress für Evangelisation im schweizerischen Lausanne 1974 zurückkommen, als ein paar Tausend christliche Leiter aus der ganzen Welt zusammenkamen. Ich hielt ein kleines Seminar über »Evangelisationsliteratur« ab und habe wohl einige der Hauptbotschaften verpasst. Es gab eine große Diskussion darüber, wie soziales Engagement und Verkündigung zusammenpassen, und am Ende verkündete die berühmte Lausanner Verpflichtung, dass sie zusammenkommen müssen – soziales Engagement und Verkündigung. Viele Artikel und Bücher wurden für oder gegen diese Entscheidung geschrieben. Aber dieser Kongress hat mit weiteren Büchern und Bewegungen den Lauf der Kirchengeschichte verändert. Dabei muss erwähnt werden, dass einige Kirchen und Missionare schon weit voraus waren und diese zwei Aspekte ihres Dienstes miteinander verbunden haben. Da wären zum

Beispiel General Booth und die Heilsarmee. Auch an diesem Beispiel kann man einige Lektionen lernen, positive, aber auch negative.

Operation Mercy (»Operation Barmherzigkeit«) begann unter der Leitung von Bertil Engqvist, einem wichtigen OM-Leiter aus Schweden. Ich erinnere mich noch, wie ich dafür grünes Licht gegeben hatte, besonders in der Hoffnung, dass sich die Projekte durch schwedische Spendengelder tragen würden.

Afghanistan war von Anfang an eines der Schlüsselländer in unserer Vision. Kein anderes Modell hätte in dieser Nation funktioniert. Auch nicht unter den Flüchtlingen jenseits der Grenze in Pakistan, wo Gordon Magney (Gründer unserer dortigen Arbeit und nun in Kabul begraben) mit seiner Frau Grace arbeitete. Sie machten eine wunderbare Arbeit und kümmerten sich um alle möglichen körperlichen Bedürfnisse und versuchten gleichzeitig, das Evangelium weiterzugeben. Keine leichte Aufgabe.

Joseph D'Souza, der Leiter der Arbeit in Indien, war ein Vorreiter für die gesamte Bewegung, um die gewaltige Veränderung einzuleiten. Die Arbeit von *Good Shepherd Ministries* in den Slums mit Krankenstationen und Schulen war einzigartig in unserer Bewegung. Mittlerweile gibt es über 110 größere Schulen im ganzen Land, besonders für die Kinder der unterdrückten Gruppe der Dalits, denen häufig der Zugang zu guter Bildung verweigert wird. Über zweihundertfünfzig Millionen Menschen in Indien gelten als Unberührbare. Heute nennt man sie meist Dalits. Viele sehen darin eine Form von Sklaverei. Wir sprechen hier nicht von Menschen in niederen Kasten (das wären Hunderte Millionen mehr), sondern von Kastenlosen. Unsere Hingabe an diese Leute hat den Lauf unserer Geschichte verändert. So etwas sollte es in der sogenannten größten Demokratie der Welt nicht geben, doch ist es eine Tatsache. Und durch Gottes wundersames Handeln in einer der chaotischsten Umgebungen weltweit kommen Hunderttausende dieser Leute zu Jesus.

Ich möchte den Leser an Gedanken teilhaben lassen, die ich in einem Artikel beschrieb.

Was werden unsere Enkel sagen?

Zwei oder drei Generationen nach Abschaffung der Sklaverei fragten sich die Enkel derer, die von ihrer Rechtmäßigkeit überzeugt gewesen waren oder ganz praktisch daran beteiligt gewesen waren, wie man nur so blind und dumm hatte sein können. (Verwenden Sie gerne Ihre eigenen Worte.)

Während meines Fitnessspaziergangs habe ich mir Philip Yanceys Buch *Gnade ist nicht nur ein Wort* als Hörbuch angehört, besonders den Teil über die Rassentrennung. Heute wundern wir uns, wie die damalige Generation (darunter bekennende Christen) so blind, rassistisch und vielfach hasserfüllt sein konnte. Es kommt uns unwirklich vor.

Die neue Generation in Südafrika ist erstaunt über das, was ihre Eltern in den Tagen der Apartheid geglaubt und getan haben (Gott sei Dank für jede Ausnahme). Wenn sie sich Filme ansehen oder in Geschichtsbüchern lesen, können sie es kaum glauben und schämen sich oft dafür.

Natürlich gibt es immer noch vereinzelt Menschen, die die Sklaverei und Rassentrennung verteidigen. In Europa beobachten wir gerade ein Wiedererwachen dieser Art von Extremismus und Rassismus. In der Tat gibt es eine lebendige Neonazi-Bewegung besonders in den USA.

Dem Leser stelle ich nun eine große Frage: Wo ist unser Verhalten heute so schlecht, dass sich die kommenden Generationen über unsere Blindheit, Vorurteile, Faulheit und Dummheit wundern werden? Wow, plötzlich zeigt ja der Finger auf mich!

Meiner Meinung nach ist es die *Unberührbarkeit*, die eine Gruppe von Leuten hervorgebracht hat, die in einer Art Sklaverei völlig abgesondert leben. Das betrifft weiterhin das Leben von 200 Millionen Menschen, hauptsächlich in Indien, aber auch in anderen Ländern weltweit.

Wie stehen Sie zu dieser Frage? Was tun Sie dafür? Ich lese die Zeitung und verfolge die Nachrichten. Aus dem Gedächtnis könnte ich hundert berühmte, herausragende Leute aus jedem Bereich der Gesellschaft (wo wären Sie einzuordnen?) aufzählen, von denen fast keiner irgendetwas gegen diese globale Geißel und die Ungerechtigkeit tut. Was werden ihre Kinder und Enkel einmal über sie sagen? Überprüfen wir unsere eigenen Herzen.

Ich lebte in Indien und habe die Chance verpasst. Aber ich danke Gott für die Menschen, die mir geholfen haben aufzuwachen, sodass Veränderung in diesem Punkt zu einem meiner größten Lebensziele geworden ist.

Als nächsten Schritt könnten manche von Ihnen Joseph D'Souzas Buch *Dalit Freedom Now and Forever*[47] (»Freiheit für die Dalits – jetzt und für alle Zeiten«) lesen. Wir schicken es gerne als Geschenk an jeden, der mir seine Postadresse schickt. Meine E-Mail-Adresse lautet *george.verwer@om.org*.

Ein Schüler, der immer noch viel über Gerechtigkeit und Gnade zu lernen hat, und ein Diener des lebendigen Gottes,

George Verwer

Bei der jährlichen Hauptversammlung unserer Leiter in Südafrika kündigte ich 1998 an, dass ich in fünf Jahren aus der internationalen Leiterschaft der Bewegung auszusteigen gedenke. Im Sommer 2003 wurde Peter Maiden als Leiter gewählt (ein ziemlich langer, steiniger Weg) und übernahm für die nächsten zehn Jahre die Leitung. Mittlerweile hat Lawrence Tong den Stab übernommen; er stammt aus Singapur und arbeitet auch von dort aus.

Als ich meinen Leiterschaftsposten aufgab, dachten manche: *Verwer, Mister Verkündigung und Mister Evangelisation wird sich niemals verändern.* Sie erlebten die Überraschung ihres Lebens, als Gott mich dazu brachte, diese Theologie als Grundlage für meinen Dienst anzunehmen. Ich fand sie in der Bibel und in der Geschichte bestätigt. Das hat mein Denken, Sprechen und Leben verändert. Besonders hat sich mein Umgang mit Zeit und Geld gewandelt. Hunderte Male habe ich Predigten in der Art des entsprechenden Kapitels in *Gnade gewinnt* gehalten.

In *Special Projects Ministries,* das Peter Maiden und andere Leiter von OM mir anvertrauten, begannen wir, uns zunehmend für Projekte zu engagieren, die unterschiedlichste soziale Belange auf der ganzen Welt betreffen: die Aids-Krise, weltweite Versorgungsprobleme mit sauberem Trinkwasser und verschiedenste Wege der Armutsbekämpfung. Je mehr ich mich mit Menschenrechten beschäftigte, desto klarer wurde mir, dass diese Rechte auch für ungeborenes Leben gelten müssten. In Zusammenarbeit mit Patrick Dixon brachten wir einige Hunderttausend Exemplare seines Buches *Aids Action*[48] in vielen Sprachen auf den Markt. Zusammen mit Randy Alcorn förderten wir sein Buch *Pro-Life*[49]. In manchen Sprachen war es das erste christliche Buch zu diesem Thema, das überhaupt je gedruckt wurde. Gott öffnete Türen, sodass diese Botschaft auf der ganzen Welt verbreitet werden konnte. Sogar über Fernsehen und Radio, im Internet, zum Beispiel über meine Internetseite *georgeverwer.com,* war sie weit und breit zu vernehmen.

Der Platz in diesem Buch reicht nicht aus, um ausführlich von all den Herausforderungen und Veränderungen zu berichten, denen sich unsere Bewegung in diesem Prozess gegenübersah. Die Verkündigung des Evangeliums mit sozialem Engagement zu vermählen, war keine einfache Eheschließung, aber Ehe ist niemals einfach. Manche empfanden, dass die Evangelisation in den Hintergrund gedrängt wurde und dass soziale Projekte und Hilfsaktionen die Bewegung jetzt völlig bestimmten. Es gab Diskussionen und schriftliche Stellungnahmen dazu. Der gesamte Dienst schien viel komplexer und chaotischer zu werden. Der Druck, für alle möglichen Bedürfnisse und Krisen Spendengelder aufzutreiben, war unbeschreiblich groß. Im Rückblick beeindruckt mich immer noch, wie wir als Folge von Gebet Spenden für so viele großartige Arbeitsfelder bereitstellen konnten. Vielen ist wahrscheinlich nicht bekannt, wie viel größer unser jährliches Budget heute ist im Vergleich zu den »alten Zeiten«. Es hat sich mehrmals verdoppelt. Ich finde, dass wir immer noch ausreichendes Gewicht auf Evangelisation legen. Dazu gehört, dass wir Millionen mit dem Evangelium erreichen. Das ist immer noch das Herzstück von allem und es ist ganz bestimmt in meinem Herzen. Die Bücher und Audiobotschaften, die OM veröffentlicht, zeigen das deutlich. Im Fall des Werkes *Special Project Ministries,* das ich leite, spreche ich über alle diese Themen, doch ist mein finanzieller Anteil, verglichen mit dem Gesamteinkommen von OM, eher gering, sodass ich den Eindruck habe, das meiste Geld sollte für Evangelisation und Gemeindegründungen ausgegeben werden.

Besonders ermutigt mich der Schiffsdienst. Er hat bei uns eine Vorrangstellung und erreicht nach wie vor Menschen mit dem Evangelium, besonders durch Literatur. Über 40 Millionen Menschen sind schon über die Landungsbrücke auf das Schiff gegangen und Zigmillionen wurden bei Einsätzen auf dem Festland und durch Gemeindeveranstaltungen erreicht.

Wie kam es bei mir zu diesem Richtungswechsel? Zuallererst war es ein vertiefendes Bibelstudium im Alten und Neuen Testament. Ich sah, dass ich in gewissem Maße immer schon daran geglaubt hatte, aber der Meinung gewesen war, Gruppen wie große Hilfswerke, wie *Tearfund*, *World Relief* oder *World Vision*, sollten sich darum kümmern. Männer Gottes wie John Stott, auf dessen Stuhl ich beim Schreiben dieser Zeilen in der besonderen Einkehrhütte an der Waliser Küste bei The Hookses sitze, und andere mit ähnlicher Gesinnung haben mich sehr beeinflusst. Sogar manche, mit denen ich nicht übereinstimme, brachten mich dazu, mein Herz zu überprüfen und es für radikale Veränderungen zu öffnen.

Ja, OM ist komplizierter geworden. Manche mögen das nicht und haben uns den Rücken gekehrt. Aber andere haben sich aufgemacht, besonders aus der jungen Generation, um die Vision und die Arbeit weiter voranzubringen.

Unser Leben – ich spreche von Drena und mir und unserer kleinen Belegschaft – ist komplexer geworden. Wir haben weniger Zeit, um die Dinge zu tun, wie wir sie früher getan haben, zum Beispiel einen Film im Flugzeug anzusehen. Ich habe meinen Laptop mit Hunderten von E-Mails vor mir und gebe dem den Vorrang. Wir sind auf unserem Weg einer ganzen Reihe von Minen und Hindernissen begegnet, aber am Ende sind wir wie eh und je abhängig von Gott. Wir haben große Gebetserhörungen erlebt, und dank der Hilfe einiger Bücher können wir auch besser damit umgehen, wenn unsere Gebete nicht erhört werden. Peter Greig, der Gründer der Gebetsbewegung *24-7*, hat gerade ein neues Buch mit dem Titel *Offline. Warum antwortest du nicht, Gott?*[50] herausgebracht. Ich habe nicht viele solcher Bücher gelesen, aber mir haben tatsächlich schon allein die Cover gute Impulse gegeben, wie zum Beispiel *Von Gott enttäuscht*[51] von Philip Yancey und *Wenn Gott schweigt …*[52] von Ron Dunn.

Unveränderte Bürde, unveränderte Vision

Sogar vor meiner Bekehrung liebte ich schon die Bibel. Doch dass ich im Sommer 1953 per Post das Johannesevangelium erhalten und dazu am 3. März 1955 die Predigt von Billy Graham gehört habe, hat mein Leben völlig verändert. Ich hatte ein paarmal die Bibelgruppe der *Ramsey High School* besucht. Vielleicht bekam ich deswegen den folgenden Brief zusammen mit dem Johannesevangelium:

Word of Life Camp
Schroon Lake, New York
15. Juli 1953

Liebes Mitglied der Bibelgruppe,

der Sommer hat gerade so richtig begonnen, und ich hoffe, dass du ihn wirklich genießt. Ganz gleich, ob du nun arbeitest oder dich entspannst, nehme ich an, dass du etwas Freizeit hast. Mein Wunsch war immer, dass jedes Mitglied wenigstens einen Teil der Bibel liest. Während des Schuljahres ist unsere Zeit sehr mit Schularbeiten ausgefüllt. Aber jetzt, wo du ein bisschen Zeit hast, möchte ich dich dazu einladen, den beigefügten Teil von Gottes Wort zu lesen, das Johannesevangelium.

Ich möchte kurz darlegen, weshalb mir daran liegt. Erstens fordert die Bibel selbst dich in Johannes 5,39 dazu auf, »in der Schrift zu suchen«. Das ist eines von Gottes Geboten, das wir befolgen sollten. Außerdem enthält die Bibel viele interessante Geschichten über Wunder und spannende Erlebnisse, die alle wahr sind, wie Johannes 17,17 sagt – »dein Wort ist die Wahrheit« (Luther). Für viele, mich eingeschlossen, ist die Bibel auch eine Quelle von Freude und Segen. Nur in diesem Buch finden wir Gottes Gebrauchsanweisung für uns und unser Leben.

Die Zeit, die du mit diesem kleinen Büchlein verbringst, ist gut eingesetzt und wird dich inspirieren. In diesem kurzen Ausschnitt sind die meisten Grundwahrheiten der Bibel enthalten, und das ist der Weg zu wahrer Freude, Frieden und Erfolg.

Dieser Sommer wird nur so wertvoll sein wie die Dinge, die du in dieser Zeit tust. Es wird sich auf jeden Fall lohnen, diesen kleinen Teil aus Gottes Wort zu lesen. Ich bete, dass es die Quelle von Freude und Segen sein wird. Lass mich wissen, wenn du Fragen oder Probleme hast, bei denen ich vielleicht helfen kann. Ich würde dir sehr gerne helfen.

Gott segne deinen Weg mit ihm
Mit besten Grüßen
Daniel Clapp

Schon davor war ich bei der Organisation *Pocket Testament League* dabei und trug ein Neues Testament in meiner Tasche. Ich hatte eine ihrer Präsentationen gesehen, wo gezeigt wurde, wie sie das Evangelium predigen und Johannesevangelien verteilen. Damals wurde schon der Same für den Wunsch in mein Herz gesät, jeden Menschen auf der Welt mit dem Wort Gottes zu erreichen.

Die meisten Leute wissen, dass ich mich auf vielerlei Weise in Gottes Werk einbringe, und sie wissen auch, dass ich alle Tätigkeiten und Gemeinden wertschätze, die Teil von Gottes großer, weltweiter Truppe sind. Was ich im Folgenden schreibe, kommt von Herzen und aus vielen Gedanken, die ich mir während meines lebenslangen Dienstes gemacht habe.

Bei meiner jüngsten Reise nach Indien befragte ich viele Leute und erledigte ein paar Hausaufgaben. Dabei stellte ich fest, dass trotz vieler hervorragender Dienste wie Massenevangelisationen, Radio, Fernsehen, Filme, Bücher und so weiter noch viele Hundert Millionen Menschen *niemals das Evangelium gehört oder gelesen haben* (sie haben nicht einmal einen Jesus-Film gesehen)! Viele Gruppen haben sich dem ganzheitlichen Dienst verschrieben, wie er zum Beispiel an den Schulen gelebt wird, die wir unter den Dalits betreiben, die sehr viel Zeit und Geld in Anspruch nehmen. Groß angelegte Evangelisation und Gemeindegründungen laufen parallel und wir danken dem Herrn für die Ergebnisse.

Die Dalits könnten bald die meisterreichte bedeutende Bevölkerungsgruppe Indiens sein. Aber wie viele der zweihundertfünfzig Millionen erreichen wir tatsächlich mit wenigstens einem Teil der Botschaft, wenn wir bedenken, dass viele gar nicht lesen können? Man hört, dass es ungefähr dreihundert Millionen Menschen in anderen unterprivilegierten Kasten (englisch: *Other Backward Classes, OBC*) gibt. Ich frage mich, wie viele von ihnen noch nicht eine einzige Gelegenheit hatten, von der erlösenden Gnade Jesu zu hören. Und das sage ich als jemand, der glaubt, dass eine einzige Gelegenheit nicht ausreicht.

Es gibt über hundertsiebzig Millionen Muslime in Indien. Wenn wir optimistisch rechnen, haben bestimmt mehrere Millionen von ihnen einen Jesus-Film gesehen, ein Neues Testament erhalten oder das Evangelium im Radio oder Fernsehen gehört oder gesehen. Was, wenn wir sogar siebzig Millionen erreicht hätten? Dann wären immer noch hundert Millionen übrig! Verstehen Sie, was ich sagen will? Ich kenne die aktuellen Zahlen aus China nicht, aber trotz des großen Wachstums würde niemand anzweifeln, dass Hunderte Millionen die Botschaft nie gehört haben.

Ich habe in letzter Zeit Fortschritte in den Bemühungen beobachtet, die Bibel oder Teile daraus in alle Sprachen zu übersetzen. Manche dieser Sprachen werden nur von ganz wenigen Leuten gesprochen, aber gut, ich halte das für sinnvoll. Es tut gut zu lesen, dass viele Millionen Dollar jetzt dafür ausgegeben oder zugesagt werden. Da kann ich erst recht nicht verstehen, dass wir von Hunderten Millionen (manche würden sagen Milliarden) Menschen umgeben sind, in deren Sprache das Material (Neue Testamente, Traktate, DVDs, Heftchen, CDs und so weiter) vorliegt, wir ihnen aber noch nichts davon gegeben haben. *Das ergibt für mich keinen Sinn!* Vielleicht kann mir jemand weiterhelfen, der es verstanden hat.

Ich denke, dass die Behauptung einer Gruppe oder eines Netzwerkes, der zufolge wir bald eine weitere Milliarde Menschen zu Jesus führen werden, irreführend ist. Aber angesichts einiger Erdteile mit gewaltigem Gemeindewachstum – wer weiß? In Wahrheit wird das nur wenig Auswirkung haben auf Hunderte Millionen Menschen, die dem Evangelium mehr Widerstand entgegensetzen oder sich abseits der Orte befinden, wo diese Dinge stattfinden. Werden zum Beispiel bekehrte Dalits in Indien die Brahmanen aus der obersten Kaste erreichen?

Mein Anliegen ist, dass wir mehr für die Hunderten Millionen Menschen beten, die mit der Botschaft von der Erlösung noch nicht erreicht wurden. Würden Sie für Spendengelder für solche Dienste beten? Mit mehr Finanzen könnten wir Tausenden Evangelisten das benötigte Material zur Verfügung stellen. Es kommt nicht hauptsächlich aufs Geld an, aber wenn es darauf ankommt, wie es in meinem Dienst oft der Fall ist, dann lassen Sie es uns irgendwie auftreiben! Das wird nicht durch eine Organisation oder Gemeinde geschehen, sondern durch eine gewaltige Bewegung von der Basis aus (die es schon gibt), in der Menschen, selbst wenn sie in andere christliche Werke eingebunden sind, die Millionen Menschen um sich herum erreichen wollen. Wir müssen alles daransetzen, dass jeder Gläubige in jeder neuen Gemeinde gelehrt wird, die Verlorenen zu erreichen. Das wäre ein gewaltiger Schritt nach vorn.

Ich möchte mehr Zeit meines Dienstes darauf verwenden, und wenn jemand von Ihnen irgendwo jemanden kennt, dessen Herz für solche Dinge schlägt, würde ich gerne persönlich mit dieser Person sprechen. Danke, dass Sie bis hierher gelesen haben. Ich würde mich freuen, von Ihnen zu hören.

Vor ein paar Jahren habe ich beschlossen, eine Liste mit den Missionswerken zu erstellen, die mindestens hundert Millionen Menschen mit dem Evangelium erreicht haben. Ich nannte sie den »Club der hundert Millionen«. Wenn Sie möchten, kann ich Ihnen die Liste mit etwa fünfzig Organisationen und Diensten zuschicken. Natürlich gibt es viele Leute in bestimmten Ländern und Sprachgruppen, die das Evangelium mehrmals hören oder zu lesen bekommen. Manche haben einen ganzen Stapel von Neuen Testamenten, Traktaten und Büchlein, die ihnen gegeben wurden. Aber meine Güte, Hunderte Millionen haben noch nichts!

Es gibt viel, worüber wir uns freuen können, aber es gibt auch noch viel zu tun.

Ich hoffe, Sie werden sich der Vision und der Bewegung anschließen.

WIE GEHT ES WEITER?

Während ich diese Zeilen schreibe, befinde ich mich im Haus eines guten Freundes etwas außerhalb einer meiner Lieblingsstädte, Belfast in Nordirland. Ich war hier etwa hundert Mal, wenn man Reisen in andere Teile des Landes mitrechnet. Es begeistert mich zu sehen, was Gott alles an einem Ort getan hat, an dem jahrzehntelang größeres und schrecklicheres Chaos geherrscht hat als anderswo in Europa.

In all diesen Jahren habe ich viel Kritik an der Kirche gehört, sie habe nicht genug dagegen unternommen. Wie einfach es ist, die Kirche verantwortlich zu machen! Wenn die Kirche so schlecht war, warum hat der lebendige Gott sie dann gebraucht und so viele Menschen gerettet? Es war einer der ersten Orte auf der Welt, wo mir die Gelegenheit gegeben wurde, auf einer der größten und wichtigsten Missionsveranstaltungen zu sprechen.

Es wurde zum fruchtbarsten Ort Großbritanniens, nicht nur für OM, sondern auch für Dutzende andere Missionswerke. Wie könnte Gott jemals jemanden oder sogar eine Gemeinde gebrauchen, die beispielsweise solche Vorurteile gegenüber der katholischen Bevölkerung hat? Diese traurige Spaltung gibt es in dem Land bis heute und ich sehe darin einen großen Kampf… Aber der lebendige Gott scheint damit klarzukommen. Der allmächtige Gott kann von Leuten betrübt werden und sie gleichzeitig segnen. Ja, das nenne ich Messiologie.

Das ist mein letztes Kapitel, und es gibt noch so vieles, was ich auf dem Herzen habe und gerne weitergeben möchte. Ich möchte nur noch ein paar Themen anschneiden und Sie bitten, darüber nachzudenken. Vielleicht wundern Sie sich darüber, dass in diesem Buch nicht mehr über Mission und besonders die unerreichten Völker geschrieben wurde, aber ich wollte nicht den Inhalt meiner anderen Bücher wiederholen. Ich baue auf dem auf, was ich vorher schon geschrieben habe, und hoffe, dass es auch denen etwas bringt, die meine vorherigen Bücher nicht gelesen haben. Seit nunmehr über zehn Jahren liegt unter dem Titel *Spiritual Revolution* von Ian Randall auch eine offizielle OM-Geschichte vor, in der die Dinge beschrieben werden, an die ich glaube, und wie Gott in meinem Leben und bei OM gewirkt hat. Ich rate Leuten dringend, dieses Buch aufmerksam zu lesen, denn wir können so viel darüber lernen, wie Gott unterschiedlichste Menschen auf unterschiedlichste Weise gebraucht. Es gibt auch ein paar Bücher über den Schiffsdienst, darunter einzigartige Werke wie *Psalms From the Sea*[53] (»Meerespsalmen«) von Debbie Meroff.

Ich möchte Sie noch einmal dazu aufrufen, darüber nachzudenken, Langzeitmissionar zu werden. Manche mögen das Wort Missionar nicht. Wie wäre es stattdessen mit einem hauptamtlichen Botschafter? Einem Botschafter Christi für die Nationen? Dazu haben Drena und ich uns entschieden, bevor wir uns überhaupt kennenlernten. Wir blicken auf 55 Jahre gemeinsamen Dienst zurück. Drena ist mit ihren 76 Jahren eine Vollzeitmissionarin, die jeden Tag viele lange Stunden hinter den Kulissen arbeitet. Es hat viele Veränderungen gegeben, aber meiner Meinung nach gibt es in unserem Dienst für den *König* keinen Ruhestand. Ich habe schon eine Strategie entwickelt, wie ich gegebenenfalls von meinem Bett aus mit Smartphone und Laptop einen guten Teil meiner Arbeit weiterführen könnte.

Wie schade, dass so viele Gemeinden sich von Apostelgeschichte 13 verabschiedet haben und keine Langzeitmissionare mehr aussenden. Darunter gibt es gute Gemeinden, die ich sehr schätze. Ich weiß, dass ein paar schlimme Geschichten über Missionare im Umlauf sind (einige von ihnen sind wahr). Sie bringen sogar bekannte christliche Leiter dazu, falsche Vorstellungen zu entwickeln. Ein besonders herzzerreißendes Buch stammt von einem Mann, den ich sehr liebe und den Gott gebraucht hat. Es ruft dazu auf, keine Missionare mehr in andere Kulturen zu schicken, besonders keine Amerikaner. Dann hätten Drena und ich also nie nach Indien gehen dürfen? Können sich die Menschen überhaupt vorstellen, wie Millionen und Abermillionen zu Jesus gekommen sind und noch zu ihm kommen, weil wir Missionare ausgesandt haben? An einigen Orten gibt es wirklich nicht mehr viel Bedarf, aber es gibt andere Nationen, mindestens 40, wo dringend Langzeitmissionare gebraucht werden, die die einheimische Sprache erlernen. »Zeltmacher«-Missionare, also Menschen, die in ihrem Beruf in einem Missionsgebiet arbeiten und »nebenher« missionieren, halte ich auch für sehr wertvoll, besonders für Missionare mit Familie. Doch oft beobachte ich, dass die »Zeltmacher«-Arbeit alle Kräfte aufzehrt. Gerade mit Familie bleibt dann wenig Zeit für Evangelisation und Gemeindegründung. Wir freuen uns über jede Ausnahme.

OM ist bekannt für seine Kurzzeitmissionare, aber das war ursprünglich nicht mein Gedanke. Wir haben vom ersten Tag an Missionare gesucht, die in dem Auftrag ihre Lebensaufgabe sehen.

In Mexiko und noch mehr in Europa haben wir gesehen, wie wunderbar Gott missionarische Kurzeinsätze gebrauchen kann. Das ist zu einem weltweiten Phänomen geworden, durch das Hunderttausende ins Reich Gottes kommen. Ja, es passieren viele Fehler dabei und es kann wirklich sehr chaotisch sein.

Bei all dem haben wir erlebt, dass es oft schwieriger ist, das nötige Geld zu bekommen, als Mitarbeiter zu finden. Unsere Gebete wurden oft mit Spenden beantwortet. OM wurde als Teil der Glaubensmissionen betrachtet. Ohne ihr Wissen waren Leute wie Hudson Taylor, Charles T. Studd und viele andere Vorreiter dieser Bewegung gewesen. Georg Müller bat niemanden um Geld, sondern gründete seine gesamte Arbeit unter Waisen auf Glaube und Gebet. Er gilt auch als einer der Väter der Brüderbewegung. Dort brach schon zu seinen Lebzeiten »Chaos« aus, als er sich mit John Nelson Darby, einem der anderen Gründer, überwarf. So wurde eine der großartigsten und chaotischsten Bewegungen aller Zeiten geboren.

Ich entdeckte, dass Georg Müller mit seinem Glaubensansatz ein sehr erfolgreicher Fundraiser war, und ich wollte seinem Beispiel folgen. Es war immer sehr spannend und motivierend, durch Gebet die Spenden für OM und andere Werke zusammenzubringen. Ich könnte ein Buch darüber schreiben, aber noch bete ich in dem Glauben, dass noch größere Dinge bevorstehen. Das Neue Testament lehrt uns, dass wir neben Gebet ein hohes Maß an Kommunikation, Offenheit, Ehrlichkeit und Rechtschaffenheit mitbringen müssen. Einige Bücher zu diesem Thema wurden schon erwähnt. Zuletzt war mir *Gospel Patrons*[54] (»Schirmherren des Evangeliums«) von John Rinehart eine Hilfe. Es handelt von Geschäftsleuten, die die Gabe und Fähigkeiten haben, Geld zu erwirtschaften. Oft spielten sie eine unverzichtbare Rolle in dem, was Gott durch andere vom Geist berufene und begabte Leute wirkt.

Wenn die Botschaft von Geheimnis, Gnade und geheiligtem Chaos (Messiologie und Gnade) in diesen Seiten nicht durchgedrungen ist, hat das Buch sein Ziel verfehlt. Manche von Ihnen haben Gottes Geschenk der Erlösung noch nicht empfangen. Dafür müssen Sie glauben, dass der Herr Jesus für Ihre Sünden gestorben ist. *Sie* sollten das jetzt tun.

Andere, die Wiedergeburt und Gottes Gnade erfahren haben, haben sich vielleicht selbst nicht vergeben. Das bringt endlose Störungen und Schwierigkeiten in ihr Leben und ihren Dienst. Wir haben festgestellt, dass Gott nicht nur unter chaotischen Umständen wirkt, über die er gleichzeitig betrübt sein muss, sondern auch durch chaotische Leute. *Er möchte Sie gebrauchen,* egal, wie viele Kämpfe und Niederlagen Sie erlebt haben. Vielleicht hinken Sie aufgrund von Sünde und

Torheit, aber Hauptsache, Sie laufen noch. Vielleicht sendet er Sie sogar in einen anderen Teil der Erde, an den Sie nie gedacht haben. Würden Sie zumindest darüber beten?

Andere, die das lesen, haben anderen Personen nicht wirklich vergeben, besonders denen, die sie verletzt, enttäuscht oder sogar betrogen haben. Vielleicht haben sie ihnen theoretisch vergeben, aber nicht im praktischen Leben. Das mag ein ständiger Kampf sein, aber dieser Schritt muss sein.

Wenn Gott durch mein Buch zu Ihnen gesprochen hat, würde ich noch ein paar weitere praktische Schritte vorschlagen, damit die Botschaft aus dem Kopf in Herz und Füße gelangt.

1. Entschließen Sie sich, positiver und optimistischer zu sein. Beginnen Sie damit, von den wunderbaren Taten Gottes in Ihrer Umgebung und auf der ganzen Welt weiterzuerzählen.
2. Schließen Sie sich mindestens einer Gebetsgruppe an, in der für die Nationen und die unerreichten Völker gebetet wird. Sie nehmen hoffentlich an den Gebetstreffen Ihrer Gemeinde vor Ort teil, aber ich hoffe, dass sie noch mindestens ein zusätzliches finden. Wie wäre es, wenn Sie selbst eine Gruppe gründeten?
3. Fangen Sie an, Bücher und DVDs weiterzugeben und Internetlinks zu teilen, die Bibelstellen enthalten. Vielleicht können Sie einen Jesus-Film an Bekannte verschenken, die den Herrn nicht kennen.
4. Machen Sie so bald wie möglich einen missionarischen Kurzeinsatz. Suchen Sie sich möglichst einen Dienst aus, in dem Sie Ihren Glauben weitergeben und mit Menschen in Kontakt sein können. Versuchen Sie, unter den Armen zu arbeiten, und begeben Sie sich in eine Situation, die Sie herausfordert.
5. Verlassen Sie Ihren gewohnten Rahmen, um Leute in Ihrer Umgebung aus anderen Kulturen kennenzulernen. Lernen Sie mindestens eine Fremdsprache. Wenn Sie schon eine Sprache gelernt haben, so wie ich Spanisch in der Schule, bemühen Sie sich darum,

sie fließend zu beherrschen. Begeben Sie sich so bald wie möglich unter Leute, deren Muttersprache sie ist. Wählen Sie bewusst den Weg, der schwieriger erscheint.

6. Trainieren Sie sich darin, Ihre Zeit sinnvoller einzusetzen. »Weniger zuschauen und mehr praktisch anpacken«, sollte Ihr Motto sein. Hüten Sie sich vor der Fernsehfalle, der (Computer-)Spielefalle und der Falle des endlosen Gelabers. Diese und viele andere Dinge, die Spaß machen, haben auch ihre Berechtigung, aber sie sollten nur wenig Zeit in Anspruch nehmen. Wenn Sie Kinder oder Enkel haben, muss diese Zeit natürlich ausgedehnt werden. Auch vor Freunden, die Jesus nicht kennen, sollte der Eindruck vermieden werden, wir seien neurotisch, extrem und verklemmt. Denken Sie an 1. Korinther 9,22: »Wenn ich bei den Schwachen bin, werde ich bei ihnen wie ein Schwacher, um sie für Christus zu gewinnen. Ja, ich versuche bei allen Menschen eine gemeinsame Grundlage zu finden, um wenigstens einige von ihnen für Christus zu gewinnen.«
7. Denken Sie darüber nach, eine Bibelschule zu besuchen. Das geht auch als Fern- oder Aufbaustudium. Wir sind seit 53 Jahren mit *Capernwray Fellowship* verbunden, die in verschiedenen Teilen der Erde Kurzzeitbibelschulen anbieten. Jedenfalls brauchen Sie mehr Zeit, die Sie mit Gottes Wort verbringen. Besonders möchte ich Leute dazu auffordern, Bibelverse auswendig zu lernen. Das hat mein eigenes Leben schon vor meiner Bekehrung verändert. Ja, um die Auszeichnung der Pfadfinder *God and Country Award* zu erhalten, musste ich Bibelstellen auswendig lernen. Das Kapitel war Römer 8. Wow, neulich stieß ich wieder auf das Foto dieser Preisverleihung.
8. Beschließen und üben Sie jeden Tag, dankbarer zu sein. Hat Ihnen kürzlich jemand etwas geschenkt? Vielleicht ein Buch, eine Tasse Tee oder eine Fahrt zum Bahnhof? Haben Sie sich bedankt? Ich habe einen Freund, der den Leuten etwas zu viel Dank ausspricht. Ich denke, er ist wohl der Einzige. Ich verschenke viele Bücher. Die

meisten Leute bedanken sich nicht, außer natürlich, wenn ich es ihnen persönlich überreiche und es automatisch zu einem Dankeschön kommt. Aber später irgendwelche Dankesbriefe oder eine kurze Nachricht zu erhalten, wäre eine Überraschung. Ich danke Jesus für seine Vergebung in den Zeiten, in denen ich nicht dankbar war oder Leuten nicht mit Liebe gedankt habe.

9. Legen Sie mehr Wert auf einen guten Schlaf, gesunde Ernährung und etwas sportliche Betätigung. Das habe ich selbst mein Leben lang so gemacht und ich kann es nur empfehlen. Einer der bedeutendsten Bibelverse im Neuen Testament ist für mich 1. Korinther 9,24-27: »Denkt daran, dass alle wie in einem Wettrennen laufen, aber nur einer den Siegespreis bekommt. Lauft so, dass ihr ihn gewinnt! Jeder Athlet übt strenge Selbstdisziplin. Er tut das allerdings, um einen Preis zu erringen, dessen Wert verblassen wird – wir aber tun es für einen ewigen Preis. So halte ich mir stets das Ziel vor Augen und laufe mit jedem Schritt darauf zu. Ich kämpfe wie ein Boxer, aber nicht wie einer, der ins Leere schlägt. Mit der eisernen Disziplin eines Athleten bezwinge ich meinen Körper, damit er mir gehorcht. Sonst müsste ich befürchten, dass ich zwar anderen gepredigt habe, mich danach aber womöglich selbst disqualifiziere.«
10. Suchen Sie mehr Kontakt zu Menschen und begleiten Sie die Beziehungen im Gebet. Nutzen Sie verschiedene Methoden, aber behalten Sie im Blick, dass ein persönliches Treffen bei einer Tasse Kaffee oder Tee das Beste ist. Gemeinsam hinauszugehen, um andere zu lieben, ihnen zu dienen und sie zu erreichen, ist vielleicht sogar noch besser. Ich liebe E-Mail und Facebook, aber Telefonieren ist besser. Es ist etwas Besonderes, die Stimme einer Person zu hören. Preis den Herrn für Skype und andere technische Möglichkeiten. Auch bei diesem Thema ist Vergebungsbereitschaft wichtig. Denn man könnte Sie versetzen und Sie könnten sich abgelehnt fühlen. Der größte Fehler ist, nicht die Initiative zu ergreifen. Ich kenne

viele Leute, die Geld brauchen, und ich habe ein extra Budget für solche Leute (im Rahmen von *Special Projects Ministries*). Was denken Sie, warum so viele nie irgendwelches Geld bekommen? *Weil sie nicht fragen.* Übrigens gibt es wunderbare Bücher darüber, wie man Spenden sammelt, die für mich ein Segen waren. Besonders empfehlen kann ich *Funding the Family Business*[55] (»Das Familienunternehmen finanzieren«) von Myles Wilson und *Friend Raising*[56] (»Freunde sammeln« als »Fund-Raising«) von Betty Barnett.

11. Suchen Sie sich eine Art Mentoring, wo Sie Rechenschaft ablegen können, auch wenn es unvollkommen und sporadisch erscheint. Falls Sie verheiratet sind, stellen Sie sicher, dass Sie genügend Zeit mit Ihrer Frau und Ihrer Familie verbringen. Stellen Sie sich das nicht zu einfach vor. Unser Leben lang hatten Drena und ich damit zu kämpfen, besonders, wenn es um gemeinsame Gebetszeiten ging. Und denken Sie daran, dass Sie dringend Hilfe benötigen, wenn Sie ernsthafte Probleme mit Begierde oder Pornografie haben.

Wenn Sie mein Buch bis hierher gelesen haben, würde ich mich über eine E-Mail von Ihnen freuen und gerne erfahren, was Gott in Ihrem Leben getan hat. Es wäre auch hilfreich zu erfahren, ob Sie andere meiner Bücher gelesen haben: *Die Revolution der Liebe*, *Literature Evangelism*, *Hunger for Reality* (ursprünglicher Titel: *Come! Live! Die!*), *Ich bin dabei. Jüngersein praktisch*[57] und mein jüngstes Buch *Gnade gewinnt*. Ihre weite Verbreitung ist kaum zu glauben: insgesamt über eine Million Exemplare in etwa fünfzig Sprachen.

Für mich war es ein Langstreckenlauf, die neuen Texte für dieses Buch fertigzustellen. Jetzt ist das Ende in Sicht und ich bin dankbar für die Hilfe von oben. Ich bin dankbar für all die wunderbaren Männer und Frauen Gottes, die mein Leben in den vergangenen 76 Jahren geprägt haben. Ich kann nur demütig und dankbar den Herrn anbeten.

WER ODER WAS IST OM?

Operation Mobilisation (OM) setzt sich weltweit für dynamische Gemeinschaften von Jesus-Nachfolgern unter den am wenigsten Erreichten ein. Glaubwürdige Schätzungen sprechen von über drei Milliarden Menschen, die noch nie von Gottes Liebe gehört, sie noch nie gesehen und erlebt haben – und jeden Tag kommen 60 000 dazu. Deshalb konzentriert OM sich auf die Menschen, die die Gute Nachricht noch nie gehört haben und sie vermutlich niemals hören werden. Durch unsere Arbeit bringen wir Menschen in ein selbstbestimmtes, würdevolles Leben und machen Jesu Liebe erlebbar.

OM wurde 1957 von George Verwer, einem Visionär, gegründet und bringt die Botschaft der Hoffnung durch Jesus Christus zu den Menschen auf der ganzen Welt. Die über 5200 Mitarbeitenden – aus über 115 Nationen, die in mehr als 110 Ländern und an Bord der beiden Schiffe *Logos Hope* und *Doulos Hope* arbeiten – haben eines gemeinsam: Sie lieben Jesus und sie wollen, dass auch andere die Möglichkeit bekommen, von ihm zu hören. Dabei arbeiten OM-Mitarbeitende mit örtlichen Kirchengemeinden sowie anderen gleichgesinnten Organisationen zusammen. Gemeinsam sind wir Weltenveränderer, bis auch die am wenigsten Erreichten Jesus erleben.

Wenn Sie regelmäßig Informationen über die Arbeit von OM erhalten möchten, finden Sie aktuelle Informationen, Einsatz- und Spendenmöglichkeiten auf unseren Websites oder in folgenden Veröffentlichungen: Global (Deutschland), Pulsschlag (Österreich) und OM-Nachrichten (Schweiz). Diese Zeitschriften sind in den jeweiligen OM-Büros gratis erhältlich. Kontaktieren Sie uns einfach.

OM Deutschland
Alte Neckarelzer Str. 2
74821 Mosbach
Tel.: +49 (0) 6261 947-0
info.de@om.org
www.om.org/de

OM Österreich
Lustenauer Str. 18
4020 Linz
Tel.: +43 (0) 720-518620
info.at@om.org
www.om.org/at

OM Schweiz
Hertistraße 31 – Postfach
8304 Wallisellen
Tel.: +41 (0) 44 832 8383
info.ch@om.org
www.omschweiz.ch

ANMERKUNGEN

[1] Die Kapitelüberschrift lautet im englischen Original: *Mystery, Mercy, Messiology*. Vgl. Das Kapitel »Messiologie«.

[2] George Verwer, *Come! Live! Die! The Real Revolution*. Wheaton, Ill.: Tyndale House Publishers, 1972.

[3] George Verwer, *Gnade gewinnt*. Holzgerlingen: SCM Verlag, 2010. Originaltitel: *Drops from a Leaking Tap.*

[4] David Platt, *Radical. Taking Back Your Faith from the American Dream*. Colorado Springs, Colo.: Multnomah Books, 2010.

[5] Charles Swindoll, *Zeit der Gnade*. Wiesbaden: Projektion J, 1994. Originaltitel: *The Grace Awakening.*

[6] Gordon MacDonald, *Wenn alles zerbricht. Schritte zum persönlichen Neuanfang.* Asslar: Projektion J, 2002. Originaltitel: *Rebuilding Your Broken World.*

[7] Roy Hession, *Das neue Erwachen. Ein Aufruf zur Erweckung der Gläubigen.* Wuppertal: Brockhaus, 1984. Titel der deutschen Erstausgabe: *Der Weg nach Golgatha* (1950). Originaltitel: *The Calvary Road.*

[8] Andrey Murray, *Demut. Kleinod der Heiligen*. Gießen: Brunnen Verlag, 1963. Originaltitel: *Humility.*

[9] Billy Graham, *Christus bricht Ketten. Evangelistische Ansprachen über die sogenannten Todsünden*. Kassel: Oncken Verlag, 1963. Originaltitel: *Freedom from the Seven Deadly Sins.*

[10] Hoise Birks, *A New Man. Missionary Journeys of an African American*. Stockbridge, California: HB Publishing, 2012.

[11] Randy Alcorn, *... voller Gnade und Wahrheit*. Bielefeld: CLV, 2006. Originaltitel: *The Grace and Truth Paradox. Responding with Christlike Balance.*

[12] John Stott, *Der christliche Glaube. Eine Einführung*. Witten: SCM R.Brockhaus, 2010. Originaltitel: *Basic Christianity.*

[13] Billy Graham, *Friede mit Gott*. Wuppertal: Brockhaus, 1997; SCM Hänssler, 2006. Originaltitel: *Peace with God.*

[14] Alexander Strauch, *Mit Liebe leiten*. Dillenburg: Christliche Verlagsgesellschaft, 2007. Originaltitel: *Leading with Love.*

[15] Alexander Strauch, *Gut, dass wir einander haben. Biblische Prinzipien für den Umgang mit Konflikten*. Dillenburg: Christliche Verlagsgesellschaft, 2012. Originaltitel: *If you Bite and Devour One Another. Biblical Principles for Handling Conflict.*

[16] Roy Hession, *Das neue Erwachen. Ein Aufruf zur Erweckung der Gläubigen.* Wuppertal: R.Brockhaus, 1984. Originaltitel: *The Calvary Road.*

[17] Theodore Epp, *Love is the Answer*. Lincoln, Nebraska: Back to the Bible Publishers, 1960.

[18] George Verwer, *Die Revolution der Liebe und Ausgeglichenheit*. Holzgerlingen: SCM Verlag, 1979. Originaltitel: *A Revolution of Love and Balance.*

19 George Verwer, *Literature Evangelism*. Bromley, Kent: Send the Light, 1. Auflage 1963. Nachdruck durch Authentic Lifestyle, 2003. Das erste Buch George Verwers.

20 Tom Hovestol, *Die Pharisäer-Falle*. Wuppertal: Brockhaus, 1999. Originaltitel: *Extreme Righteousness. Seeing Ourselves in the Pharisees.*

21 William MacDonald, *Wahre Jüngerschaft*. Holzgerlingen: SCM Hänssler, 2006. Originaltitel: *True Discipleship.*

22 R. T. Kendall, *Holy Fire: A Balanced, Biblical Look at the Holy Spirit's Work in Our Lives*. Charisma House, 2014.

23 Gordon Mac Donald, *Wenn alles zerbricht. Schritte zum persönlichen Neuanfang*. Asslar: Projektion J, 2002. Originaltitel: *Rebuilding Your Broken World.*

24 Ian Randall, *Spiritual Revolution. The Story of Operation Mobilization – OM.* Milton Keynes, Großbritannien: Authentic Media, 2008.

25 Oswald J. Smith, *Glühende Retterliebe*. Moers: Brendow, 21. Auflage 2010. Originaltitel: *The Passion for Souls.*

26 Elisabeth Elliot, *Durchs Tor der Herrlichkeit*. Originaltitel: *Through Gates of Splendor*. Konstanz: Christliche Verlags-Anstalt, 1. Auflage 1958. Bielefeld: CLV, Nachdruck 2009.

27 Billy Graham, *Friede mit Gott*. Wuppertal: SCM Verlag, 1. Aufl. 1954. 22. Taschenbuchausgabe 1997. Originaltitel: *Peace with God.*

28 Billy Graham, *Das Geheimnis des Glücks. Hinweise zu einem glücklichen Leben nach den Seligpreisungen der Bergpredigt*. Wuppertal: SCM Verlag, 1. Auflage 1956, 5. Taschenbuchauflage 1984. Originaltitel: *The Secret of Happiness.*

29 Philip Yancey, *Gnade ist nicht nur ein Wort. Wie Gottes Güte unser Leben auf den Kopf stellt*. Witten: SCM Verlag, 6. Gesamtauflage 2010. Originaltitel: *What's so Amazing About Grace.*

30 Brennan Manning, *Größer als dein Herz. Erleben, was Gnade heißt*. Witten: SCM Verlag, 1998. Originaltitel: *The Ragamuffin Gospel: Good News for the Bedraggled, Beat-Up, and Burnt Out*. Der Autor starb am 12. April 2013 in New Orleans.

31 Viv Thomas, *Second Choice. Embracing Life As It Is*. Carlisle: Paternoster, 2000.

32 Gordon MacDonald, *Ordne dein Leben. Perspektiven für den Umgang mit dem Leben und der Zeit*. Asslar: Gerth Medien, Nachdruck 2009. Originaltitel: *Ordering Your Private World.*

33 J. Oswald Sanders, *Verantwortung – Leitung – Dienst. Führungsaufgaben in Gemeinde und Mission*. Kreuzlingen: Dynamis-Verlag, Wuppertal: SCM Verlag, 2. Taschenbuchauflage, 1987. Originaltitel: *Spiritual Leadership.*

34 Alexander Strauch, *Mit Liebe leiten*. Dillenburg: Christliche Verlags-Gesellschaft, 2007. Originaltitel: *Leading with love.*

35 Vgl. auch die Auszüge aus *Mobil für die Mission* im Anhang des vorliegenden Buches.

36 Chua Wee Hian, *Learning to Lead. A Biblical Leadership Then and Now*. Leicester: Inter-Varsity, 1987.

37 J. David Lundy, *Servant Leadership for Slow Learners*. Carlisle: Authentic Lifestyle, 2002.

38 Christopher J. H. Wright (Hg.), *John Stott. A Portrait by His Friends.* Nottingham: Inter-Varsity, 2011.

39 Elaine Rhoton, *Die Logos-Story.* Holzgerlingen: SCM Verlag, 2. Auflage 1990. Originaltitel: *The Logos Story.*

40 Dies., *Die Doulos-Story.* Holzgerlingen: SCM Verlag, 2003. Originaltitel: *The Doulos Story.*

41 Rodney Hui, George Simpson, *The Voyage of the Logos Hope.* München: BookRix, 2013.

42 Gary Witherall. *Das Beste gegeben.* Mosbach: OM Books, 3. Auflage 2019. Originaltitel: *Total Abandon.*

43 Robert T. Kendall, *Völlige Vergebung.* Lüdenscheid: Asaph-Verlag, 2010. Originaltitel: *Total Forgiveness.*

44 Hanna Zack Miley, *Meine Krone in der Asche. Der Holocaust, die Kraft der Vergebung und der lange Weg zur persönlichen Heilung.* Basel: fontis – Brunnen, 2014. Originaltitel: *A Garland for Ashes.*

45 Norman Vincent Peale, *Ja zum Leben. Der positive Mensch in unserer Zeit.* München: Heyne, 4. Taschenbuchauflage 1994. Originaltitel: *The tough-minded optimist.*

46 Peter Traben Haas, *Pharisectomy. How to Joyfully Remove Your Inner Pharisee and Other Religiously Transmitted Diseases.* Springfield, Missouri: Influence Resources, 2012.

47 Joseph D'Souza, *Dalit Freedom Now and Forever. The Epic Struggle for Dalit Emancipation.* Centennial, Colorado: Dalit Freedom Network, Secunderabad, Indien: OM Books, 2004.

48 Patrick Dixon, *Aids Action.* Brentford: ACET International Alliance, 2010.

49 Randy Alcorn, *Pro-Life. Argumente gegen die Tötung Ungeborener.* Originaltitel: *Why Pro-Life? Caring for the Unborn and Their Mothers.* Bielefeld: CLV, 2015.

50 Peter Greig, *Offline. Warum antwortest du nicht, Gott?.* Gießen/Basel: Brunnen-Verlag, 2009. Originaltitel: *God on mute.*

51 Philip Yancey, *Von Gott enttäuscht. Durch Leiden an Gott in der Liebe zu ihm wachsen.* Witten: SCM R.Brockhaus, 3. Gesamtauflage, 2014. Originaltitel: *Disappointment with God.*

52 Ronald Dunn, *Wenn Gott schweigt…* Lahr: Johannis, 3. Auflage 2001. Bielefeld: CLV, 2012. Originaltitel: *When Heaven is Silent.*

53 Deborah Meroff, *Psalms From the Sea.* Amazon, 2012 (E-Book).

54 John Rinehart, *Gospel Patrons. People Whose Generosity Changed the World.* Reclaimed Publishing, 2014.

55 Myles Wilson, *Funding the Family Business. A Handbook for Raising Personal Support.* Loughton: Stewardship, 2011.

56 Betty J. Barnett, *Friend Raising. Building a Missionary Support Team that Lasts.* Seattle, Washington: YWAM Publishing, 1991.

57 George Verwer, *Ich bin dabei. Jüngersein praktisch.* Holzgerlingen: SCM Verlag, 1984. Originaltitel: *No turning back. The path of Christian discipleship.*

George Verwer (Hauptdarsteller),
Konrad Schmid (Regie)

George Verwer

Unterwegs mit dem Gründer von OM

DVD, 55 Minuten, FSK Infoprogramm
€ 14,95

Mit 19 Jahren gründete George Verwer die Missionsgesellschaft OM. Heute noch reist der inzwischen 77-Jährige im Auftrag Gottes um die Welt. Einerseits energiegeladen, andererseits ruhig in Erwartung der Gegenwart Gottes – ein Portrait eines außergewöhnlichen Mannes.

George Verwer

Gnade gewinnt

Paperback, 13,5 x 20,5 cm, 156 Seiten
€ 4,95
ISBN 978-3-947995-24-0

George Verwer erzählt. Spannung ist garantiert. Im Kalten Krieg wird er vom KGB als Spion verhaftet. Doch dieser Irrtum wird zum Startschuss für OM. Die Entstehung dieses weltweiten Missionswerks ist der Beweis: „Versagen ist die Hintertür zum Erfolg." Verwer berichtet, was er in seinem langen Leben gelernt hat Scheitern und Siegen – beides gehört zusammen. Mit 16 wird er Christ und im darauffolgenden Jahr bekehren sich 200 seiner Mitschüler. Doch er erlebt auch, wie er hundertprozentig auf Gottes Vergebung angewiesen ist und wie er mit Sünde umgeht. Sein Fazit: Wer sich auf Gottes Gnade und seine Leben verändernde Kraft verlässt, steht auf der Gewinnerseite. Gottes Gnade gewinnt.

Bestellungen bitte an
OM Deutschland, Alte Neckarelzer Str. 2, 74821 Mosbach oder telefonisch: 06261/9470; E-Mail: buchbasar.de@om.org; Internet: www.om.org/de/shop